AF724017

edition taberna kritika

Hartmut Abendschein
nicht begonnenes fortsetzen
Text, Kontur, Schatten
Alle Rechte vorbehalten

© edition taberna kritika, Bern (2017)
http://www.etkbooks.com/

Gestaltung: etkbooks, Bern
Coverillustration: Hartmut Abendschein

Kein Teil dieses Werkes darf in irgendeiner Form ohne die ausdrückliche schriftliche Genehmigung des Verlages reproduziert oder unter Verwendung elektronischer Systeme verarbeitet, vervielfältigt oder anderweitig verbreitet werden.

Bibliografische Information der Deutschen Nationalbibliothek:
Die Deutsche Nationalbibliothek verzeichnet diese Publikation in der Deutschen Nationalbibliografie; detaillierte bibliografische Daten sind im Internet über www.dnb.de abrufbar.

ISBN: 978-3-905846-43-0

Hartmut Abendschein

nicht begonnenes fortsetzen

Text, Kontur, Schatten

Mit einem Nachwort von
Norbert W. Schlinkert

edition taberna kritika

§565 […] vor allem aber an den einzelnen Gegenständen, welche die höchste materiale Vollkommenheit der ästhetikologischen Wahrheit darbieten, an den Individuen und den allerbestimmtesten Gegenständen erfreut sich der ästhetische Horizont als an einem Wald, seinem Chaos, seinem Stoff, aus dem er die ästhetische Wahrheit zu einer nicht gänzlich vollkommenen, so doch schönen Form so herausmeißelt, daß während der Ausarbeitung so wenig wie möglich an material vollkommener Wahrheit verloren geht und beim Ausfeilen um des Geschmackvollen willen abgerieben wird.

Alexander Gottlieb Baumgarten, Ästhetik

Inhaltsverzeichnis

1 — 9
die rahmung
des oberflächengros

2 — 27
baumstümpfe
gesägtes holz
halber mensch

3 — 49
get off your shirts
and wait
for further instructions

4 — 67
metallgewächse
sehsinnsubstanzen
onanische saaten

Anhang — 83
Nachwort
Diskurs
Literatur
Biographisches

1

die rahmung
des oberflächengros

in
saint brais
holt uns ein
schriftsteller mit dem fahrrad ab übernimmt die hälfte des
gepäcks und laufbiers schwitzt in untergehender sonne
haben wir wieder bis zur schrift geraucht wie er hämisch
bemerkt
und
so
denken wir wie die maurer
die sehen was sie machen nicht nur der grünen dinge
quidditas washeit und spezifischen differenz eines haiku was
diese begebenheit wie er meint ausmacht ist
unser
tagesfilm der noch nicht gedreht wurde uns sucht uns
begehrt von uns eingefangen werden will anstelle des
hofmanns
thals
da
an der wand im profil in
konfrontationsgegenstarre mit dem fingerring rechter hand
mit jackenknöpfen stehkragen schnauz und scheitel
daneben die löschdecke flame stop
und etwas zuviel
gaffel kölsch
sliwo
witz
und bratkartoffeln mit speck das
wir aufs brutalste unter stress bedauern mit ergebnis
stau prüfen
wir
was folgt
wenn man statt nun fortan indes die
andere idee
der autorschaft verwände als zu examinierendes
mythomorph von wörtern wie die bodylotion der sphinx
von der isar im sessel sitzend und das buch vor der
nase habend im angesicht eines endlos
in reihe geschaltet en
hinter grunds

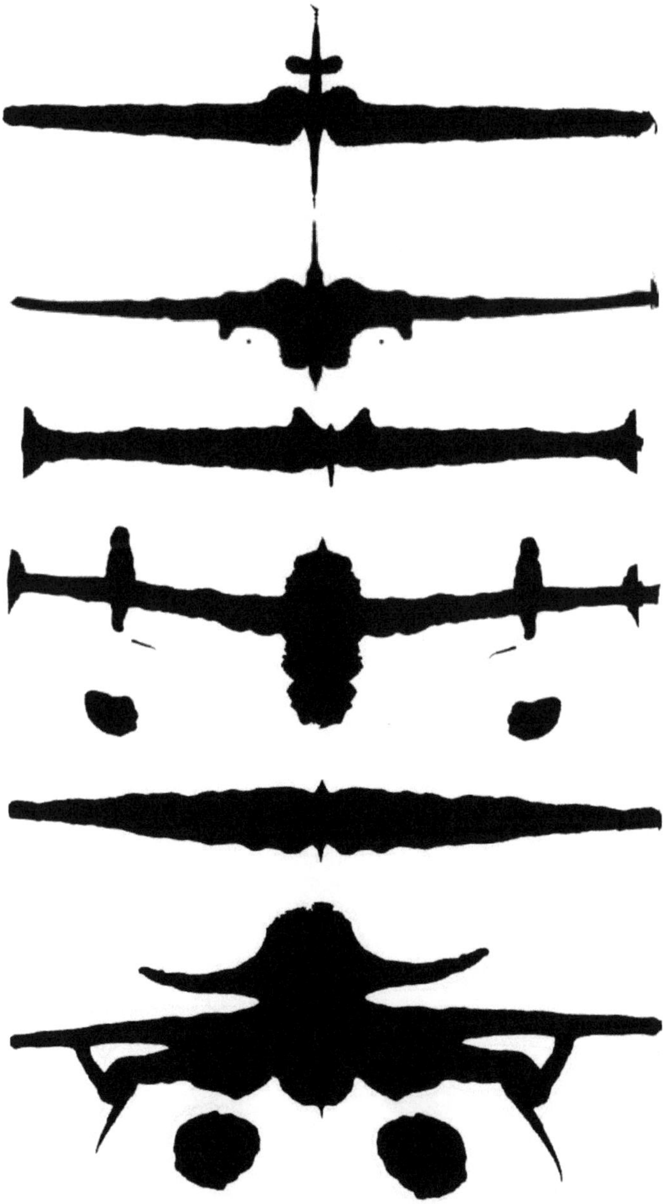

wie
damals am elterngespräch
mit wunder in der hose doch den inneren schweinehund
not in the archive ziemlich kaum denken wir ist es literatur
wenn wörter sich mit
zunge lieb kosen und damit
ihre hydraulik unterzeichnen so ganz am nullpunkt des texts
surfgitarren geschmeidig und beiläufig mich erinnern nie
ein mofa besessen
zu haben doch wo
sind jetzt die nüsschen
wo steht
das schäl chen
das man doch nicht einfach wegnimmt mit 6 roten 5 gelben
2 blauen 16 grünen 16 weissen und 5 lila punkten den 12
roten 20 blauen 24 grünen lichtern
oder
das an ein er
harten rinde befestigte
pane rustico in der täfelung
daneben webt die junge spinne ihr netz um einen geranien
stock und zweifelt nicht denn sie
weiss
it
takes a long long time wenn der wasserhahn tropft der
morgen langsam vergeht ununterbrochen im hotel in dijon
lou reed nicht spielt sondern in
einem
über
heizten zimmer
mit verstopftem abfluss
die regulierungsbehörde
einen kinofilm mit sehr bekannten darstellern dreht so der
bildschirmtext das petit dejeuner im hotel sauvage daneben
punkrockgäste die recht ausgeglichen
zurück zur
strasse finden

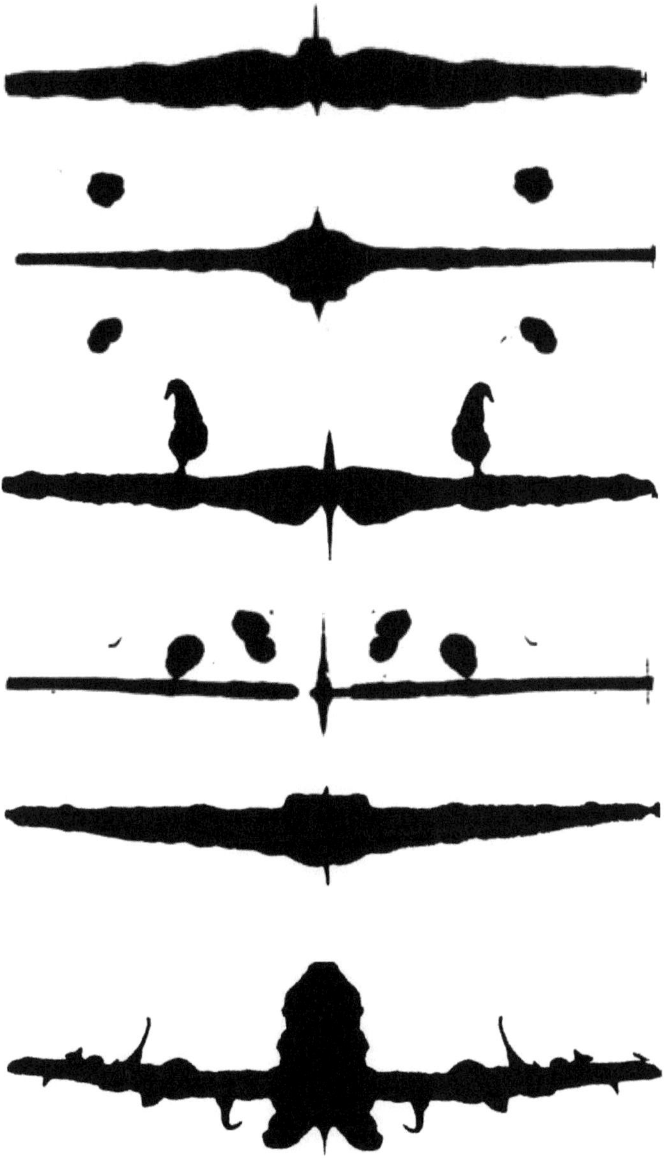

in die
abendstimmung ins öl geröteter wölkchen hellblaues ins
blaue geschwenkte firmament mit wiese im wind laubwald
horizontale
rahmen
gold   gülden ver   braucht
in der fläche die summe grösse entsprechend diesem sujet in
1 zu 1 zur ironie schweigt man geschwätzig wie in diesem
text fällt ein
aschen   becher vom   balkon
in die
be
zieh   ungsdifferen   zen
in geruchliche semiotische empfindlichkeiten beispielsweise
und so zur steinzeit am nächsten morgen wie im dreizehn
zeilen gedicht und wenn die
sonne
auf schienen gleist
und wir dinosaurier spielen mit
memory dem diplodocus den langen hals auch blau und
moschops ein hauptsächlich kleines grünes dickerchen von
compsognathus
fühlt
sich
heute alles etwas linkisch und
ungedehnt an in der restanzensammlung die anschwillt und
uns konsumiert und der zunehmende mailverkehr die
ampelphasen der stadt und der dreijährige mit dem
komplexen minen
spiel
die in
kommen
surabilität seiner wörter und personen und der gartenzwerg
vor der strahlenden wanne nebst einer sprechblase oho die
details knapp oberhalb der wahrnehmungsschwelle im
kontext grellen blinkens an uns zwei sichtbare physische
effekte des ungewohnten landlebens
die hornhaut an
den füssen insekten   stiche entzündete beulen
innen und aussen   die fliegen gitter

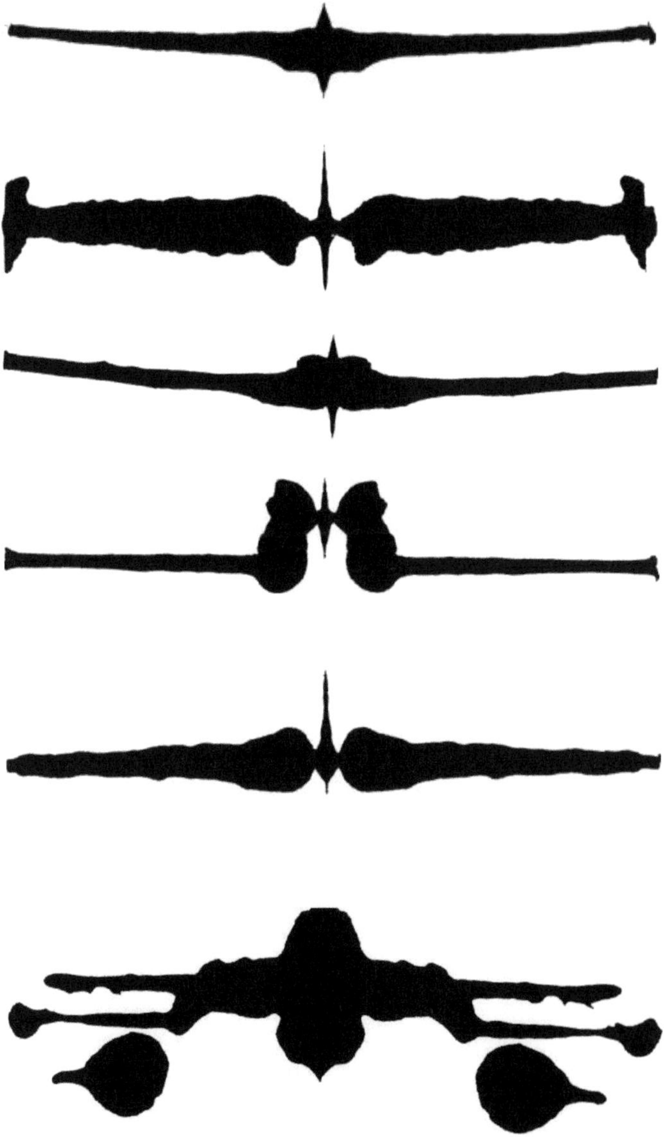

hin
term
balkon machen die testflüge neuer kampfflugzeuge krieg zu
meiner akustischen angelegenheit also kommt schnell zu
mir in meine klause oder warten wir erst noch auf
die bewilligung von rom
den rotwein
fleck auf einer
fussnote das
gelungene kind im windbruch am sonntagmittag verlassen
die gäste das haus und ich lasse das wasser aus dem bassin
spritze es
ab
aller
voraussicht nach reichen die zigaretten bis die geschäfte
wieder öffnen an den trocknen rosenbuschdornen der
obszönen natur
religion
bilder
und
badetücher an den zweigen des baums ein vorletztes mal
benutze ich die aussendusche im garten zur reinigung und
erfrischung erweckt durch mein interesse an der form und
wider die zombies des herrschenden leibapriori
dis
posi
tivs
kurz vor dem regen dann lege ich
ein king 500 pieces puzzle mit fohlen zur unschärfe der
weide am unteren bildrand bricht die rahmung das
oberflächengros
in
müh
samer
rekonstruktion am tag zur paarbildung mit quartetten wird
die boje geometrischer schwerpunkt des sees natürlicher
bestandteil der landschaft macht ein ort pause und nur das
vereinzelte zischen regennasser offroaderreifen deutet auf
bewegung
hin

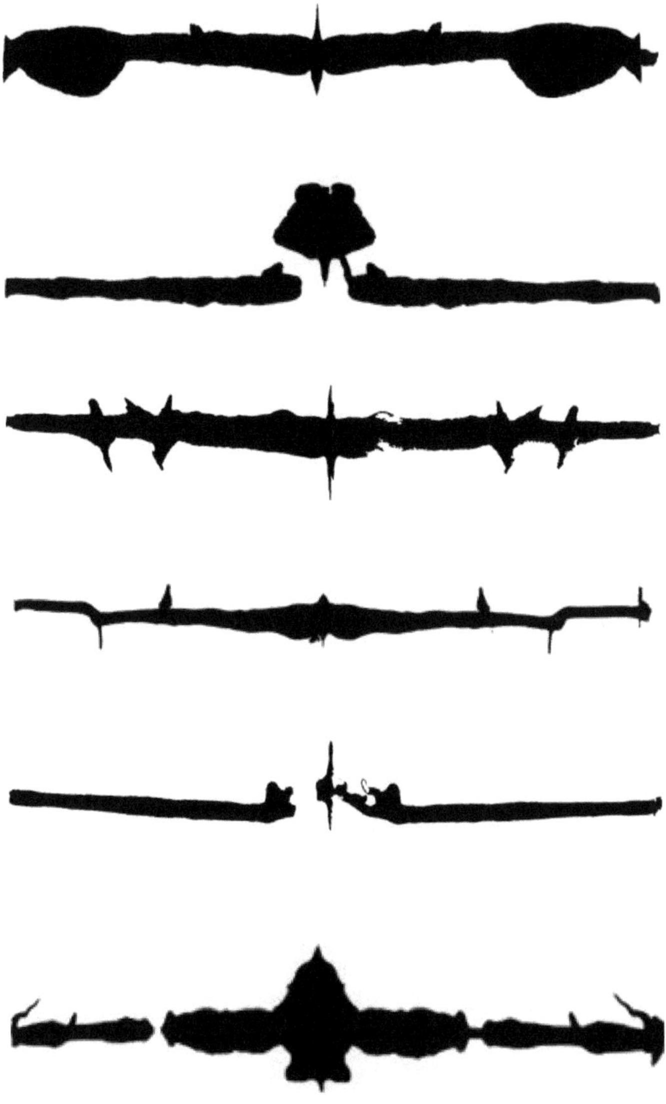

so denkt
man dieses oder
jenes mit dem stift neigt der see sich heute eher ins blaue in
seltsamer interferenz mit dem sonnensegel in orange in
wechselseitiger missgunst denkt ein böses omen nach über
das selbst bewusstsein
von
farben ihrer selbstbe
hauptung so nennt das kind die nebelsuppe eine wolken
schicht schiebt sich über den see mir ballt sich die linke faust
mit dem zeigefinger der rechten
berühre ich den auslöser
bin zeus
oder
eine andere gottheit die diese er
scheinung begreift bereite nebenbei die linsensuppe nach art
des hauses vor aus 250 g über nacht eingeweichten linsen 4
würstchen 1 komma 5 l wasser 1 lorbeerblatt 70 g
gewürfelten
speck
200 g
suppen
gemüse 1 zwiebel 1 knoblauchzehe 2 kartoffeln 1 bis 2
esslöffel essig schwarzen pfeffer cayennepfeffer salz und
giesse das linsenwasser ab und koche
in
frischem
wasser auf dann gare ich in 30 minuten karotten und
kartoffeln würfeln zwiebel hacken speck in einer pfanne
dem angedünsteten dem zugegebenen pfeffern salzen und
mit essig würzen dann 30 minuten
köcheln
würstchen
scheiben schneiden
und noch 10 minuten
vor schluss in der
suppe aufgewärmt und dunkles brot zu sehr viel bier vom
directeur dhotel in lederhosen etwas glatt vielleicht etwas
frivol verabschiedet undsoweit
er

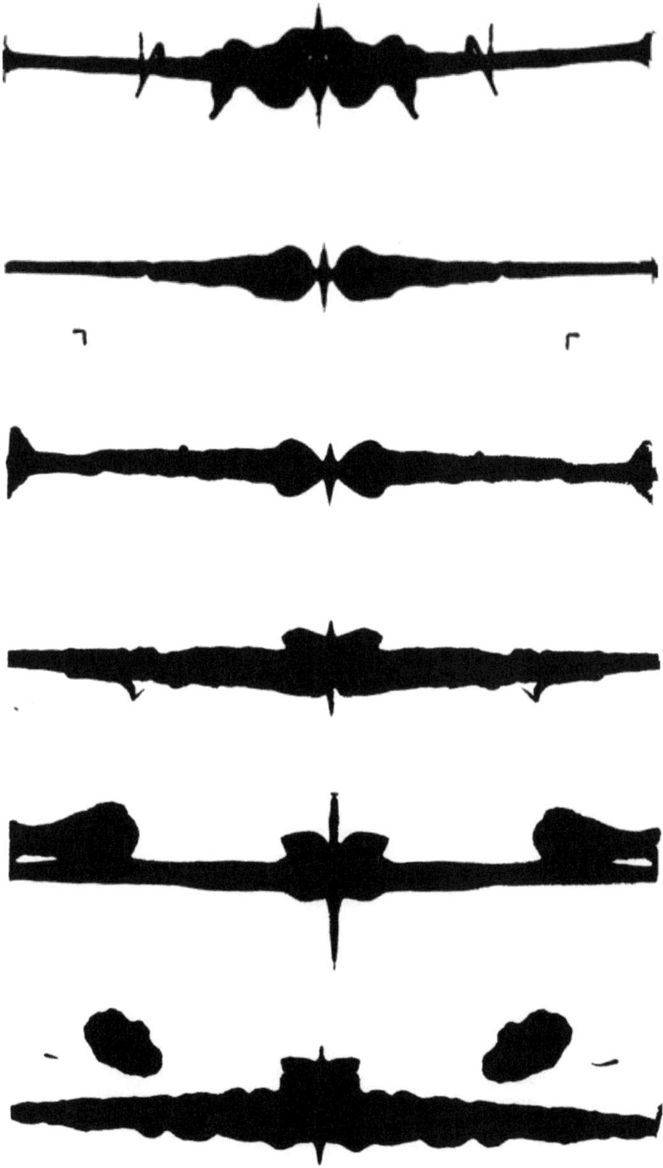

folgt
endlich
dem eistraum in davos nach dem vorurteil im herbst die
harte empirie im winter so unglaublich vieler grausam
verödeter menschen in dorf
und
seitentälern gas tieren
im land das nicht sein kann doch
das fieberkind erholt sich
isst wieder fette würste zelebriert unsere vorladung mit
dissens in freiem flottieren gefährlichen teilwissens führt
nach kurzem dispens direkt
zu
einer einladung zum schweigen
zum download meines lebens
zur
zwischenbilanz meiner gefühle auf der rückseite eines
einkaufszettels ein kleiner sack universalerde bier wein
zwieback schreit es eiskrem mit dem lächeln
einer
gut
gefütterten katze
nur unterbrochen vom bewusstsein
der dauer starrt sie für einen flüchtigen moment in
ein mauseloch starrt das loch
zurück in voller
konzentration
schalten
wir
zum mauer
segler in einem land ohne mauern
sagt der kapitän heute über die spatzen und die sind hier
nun endgültig ansässig geworden warten in den bäumen auf
den windstoss der ihnen brotkrumen vom balkon
esstisch
in
den garten befördert schweigt mit sich beschäftigt und den
anderen elementen schlägt das buch zu blickt hinauf auf den
höhenkamm zu
den

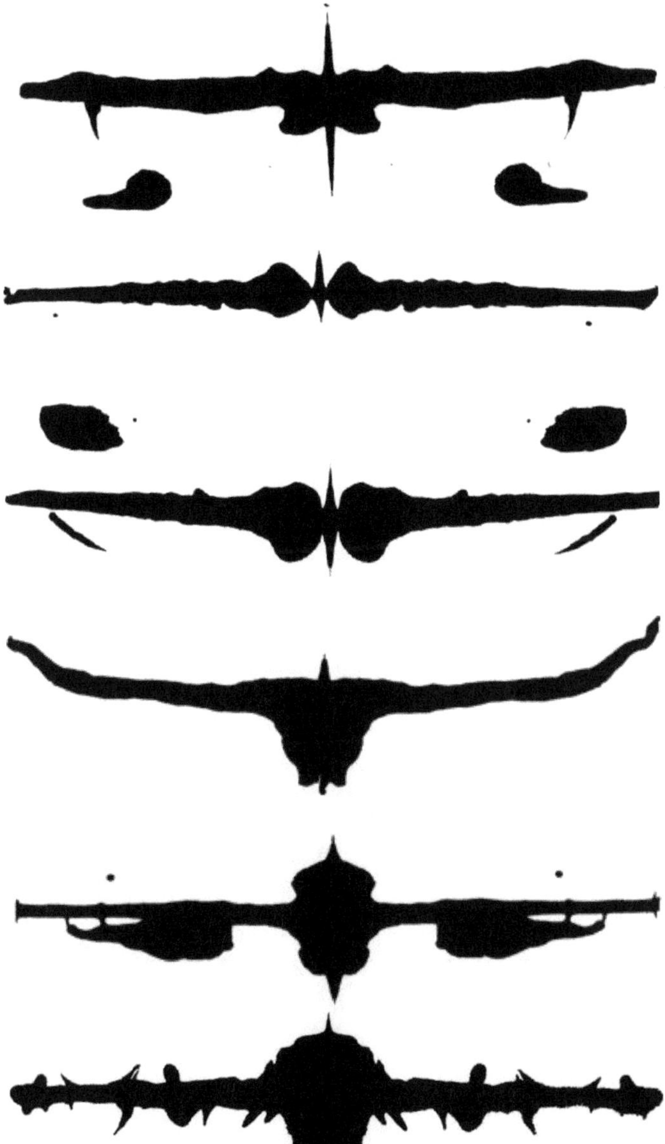

lamas die nachwuchs bekamen
den zweitgeborenen
mit schwarzweissen
beinen die die zitzen der erschöpften entmolkenen
mutter nicht finden die im lama trekking der alpen das
eigene der alterität und soweiter folgt
auf den
mon
tano
ceratops eine besonders aerodynamische nashornvariante
den styracosaurus ein wannabe elch den struthiosaurus ein
prähistorischer karnevalsprinz
und
18
weitere karten
auf deren rückseite mit roten und weissen
herzchen wir etwas unter grad 0 schreiben in den rundgang
der eule auf der navettefahrt gratuit gargoyles am notre
dame ist die demotape
par
ty
im
viertel gegenüber vom
sauvage die allerplötzlichste lust auf muscheln die dusche
die nicht duscht aber es gibt mottozimmer im 15ème siècle
style barocktapeten in wasserfarben knarrfenster holz feuer
wlan und wenn es nicht mehr regnet hat dijon
durchaus die mittel für prächtigkeiten wie
den
markt
hallen und in museen gehen wir weiter im text mit dem
käsefräulein dem textich einer herrenrunde und einem
powernap der dem traumtext aua macht dem hunger
dem sandwich dem kinowetter
sprechen wir über
die
möglich
keit eines
nachmittagsfilms und 8 jahre später hat man dann plötzlich
1 frau und 2 kinder

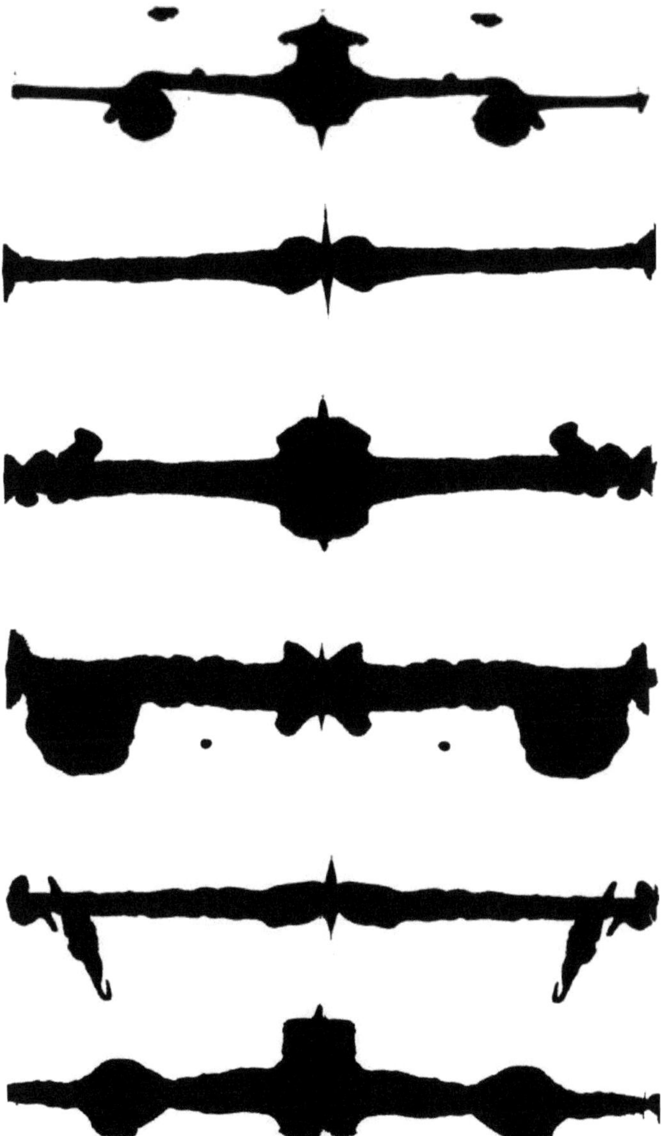

ein
nordmanntännchen
im krisenjahr kleisterkugeln aus recyclingpapier den
wirtschaftsteil klein gerissen geknüllt mit lagen roter fetzen
die goldene geschenkpapierschnur angenäht
geklebt geheftet
für die alienation
des genau einzuhaltenden freitag cityprogramms ein
zukaufende t shirts unterhosen strümpfe pulli frisör
undsoweiter und ob man franzose sei vielleicht denke
ich mir und tischtennis experte
mit diesem gefühl der
aufgeho benheit
frage
ich mich ob ich nicht etwas dinglich rieche frage
die ausscheidertussi am rande der pokerrunde die mir
wittgensteins philosophische betrachtungen empfiehlt
während ich ein allerseits innerliches warten
beobachte aber nichts verstanden habe
von
ihrer
gramma
tologie die man trotzdem aufs herzlichste grüsst und
nicht weiss warum man liegen bleibt aber au revoir und nun
der anhang mit den fragen so das pärchen mit dem eltern
teil das gelang weilt
im
kaninchen pelz
und beim ver lassen verwirrt
den badenden das gras zu nieder ist und der feigenbaum
trägt dieses jahr zwei früchte mehr und die frösche sind
schon am morgen heiser und
das
schwimm
bad auf der gegenüberliegenden seeseite öffnet
früh und der wind trägt stimmen der heiter badenden über
die wasseroberfläche und eine schwanenfamilie rüstet sich
am ufer denn bald werden die birnen reif sein und mit
ihnen das gesamte menschliche
geschlecht

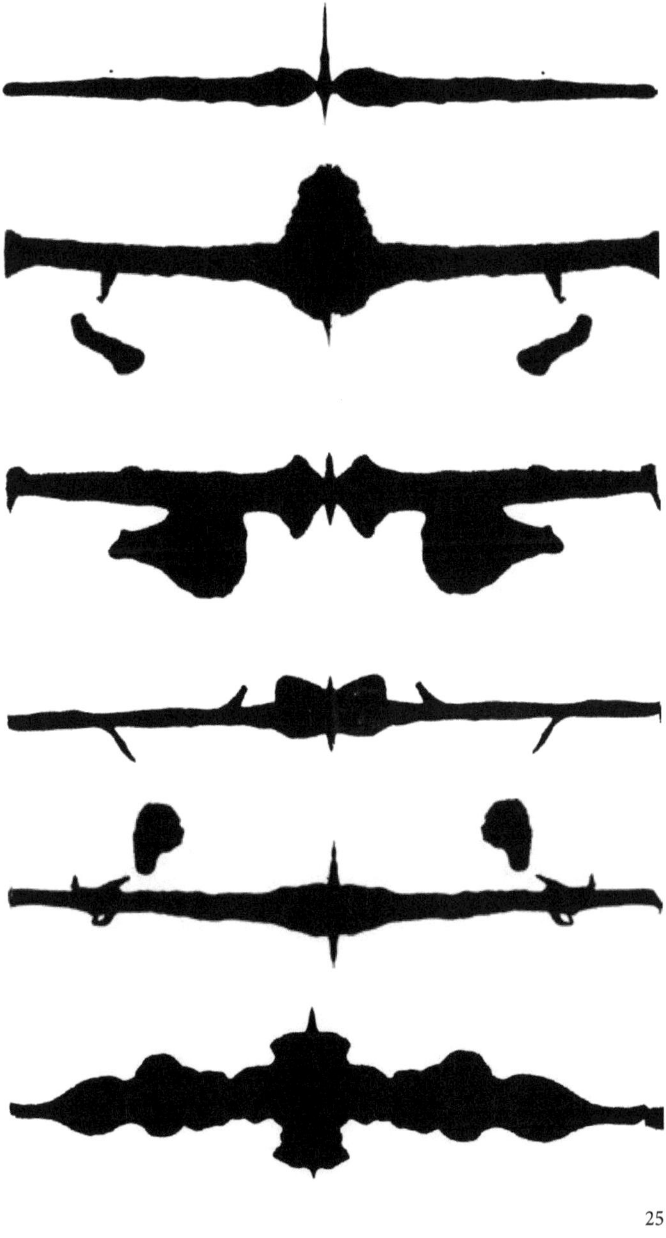

2

baumstümpfe
gesägtes holz
halber mensch

am folgen
den abend an dem man wortreich tanzte suchten die frauen
den männern einen kreis im abseits 2 boxen ein sender ich
mit
dem beter mit angelutschten bonbons am waschbeckenrand
als dürften sie niemals weggeworfen werden als versprechen
für den nächsten tag
dem frühen
sonntag
mittag
an dem wir das nichtparadigma alltag urlaub
entwickeln setzen wanderkarten strukturell ausser
kraft finden heute analoge entsprechung in arbeit
reproduzieren mechanismen des alltags
machen heimisch stattdessen fressen pilze liegestühle auf
stellen beach boys hören pferdeschnitzel pusteblumen
sauerampfer brennnesseln baumstümpfe
gesägtes holz
halber men
sch
egal
zum aufstehn mundabputzen
weitermachen obwohl das kind wieder nicht ins bett will
wegen den kleinen filmen die kommen das zahnfleisch das
um schlagen in berührungsfurcht vor objects in mirrors
which are closer than they appear
und
glücklich sein ohne schrecken seiner selbst innewerden
können heisst so die euch vor jahren versprochene antwort
meine schreibweise leide endlich nicht mehr unter
reproduzierendem zitierendem
verletzendem epi gonentum was
selbst
verständlich
keine wertung eures werks sein soll nur im detail ein paar
saisonale symbole verharrt in der ordnung der zeit über
landpomeranzen hairspray an fingernägeln die welt und
alles was online ist wenn man dort
debütiert

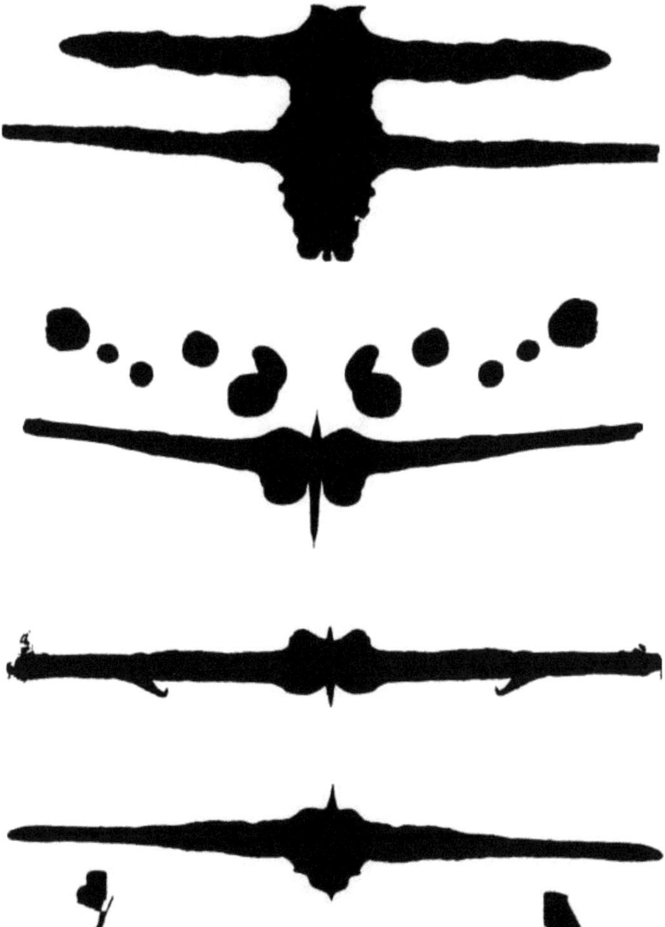

oder
sich sonstwo
ins schaufenster der übermenschen
vermittelt die lachend einen stoff suchen der man selbst ist
eine bearbeitungsform die werk aber nicht stoff nicht inhalt
formt die bearbeitung des stoffes die
dar
stellung
meiner sorgen gegen den roman für die
sendung mit der maus hinein in die ordnung der vögel ein
landes kundliches lernen mit gedichten aus dem mund
meiner schwiegermutter
die
ich
sehr für ihre ichphilosophie lobte sie mit proustscher
empfindsamkeit kombinierte auf der suche nach ihrer form
und fähigkeit ratlosigkeit so zu formulieren dass
rathaftigkeit exzentrisch formuliert ins
eigene
schreiben kollidiert zu schade in
privater beobachtungsobsession mit der sprache der distanz
als realitätstümelnde seinnichtse als erscheinung und
belästigung einer idee des konkreten beispiels
am
bahnsteig gibt es
currywurst mit einem hartz 4
sösschen die raucherbereiche dort sind
unsere schutzzonen mit luftmatratze entchen schiff schwan
booten unterschiedlicher grösse das bassin frisch gedichtet
glänzt in hellem blau kokettiert mit weisheit ist aber nur
spiel mit information
als rohstoff poetischer
strategien
für
eine informationspoetik
müssen wir exakter lügen äusserungen rahmen inszenieren
kenntlich machen offen ästhetisieren im dienst des akku
mulativen werks multipler strukturen und damit
eigener freiheit

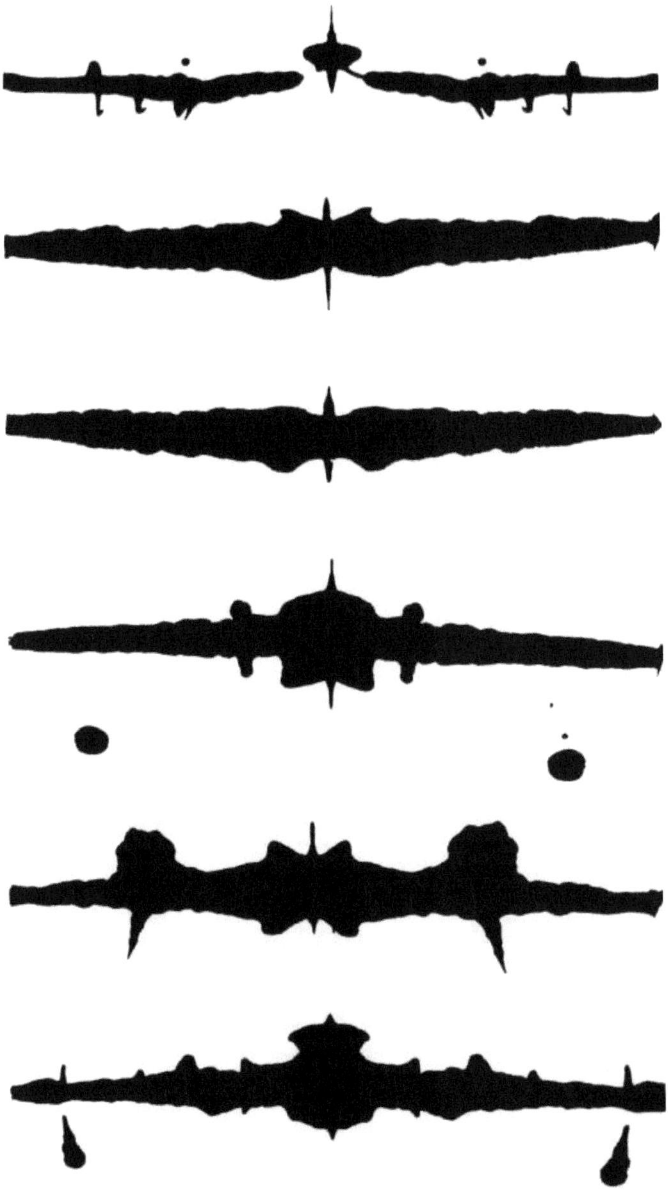

so die erkenntnis im berg
am boulevard alles jenseits
meiner ränder ins schaufenster damit
geschaut gehängt geblieben gespiegelt bewundert
dabei den bus verpasst kleine
for
men
zu mole
kularen einheiten
innerhalb des kosmos des parawerks teiltexte
zu textteilen möglicher offenheit verbergen sich hinter heiss
umkämpften verkaufshilfen in buchläden auf den virtuellen
ladentischen der aufmerksamkeitsökonomie
tobt der kampf
um
diese
begriffe
amüsieren uns die scheingefechte stossen immer nur auf
wörter hinter den wörtern entschleunigung für die fünfte
sorte kunst nach aufhebung zer
störung rekonstruktion
vier
anderer
für die verneinung von gattungs
idealen vorauseilende werkideale auf augenblicklichkeit
gesetzte augenblicke wieder entlang der textcollagen mani
feste
positionen mit heisser nadel
ab
geschriebenes rumgegröltes untergegangenes in kern
aussagen frontal
zugeschnittenes worthülsen in erstaunlich geschmeidigem
fluss end notenblöcke aus unverbundenen quellen
fliessender sprach anhänger in pädagogischem selbstzweifel
wird information poesie und geld als leitmedium liebe
finanzkrise wo also
ist dein back
up

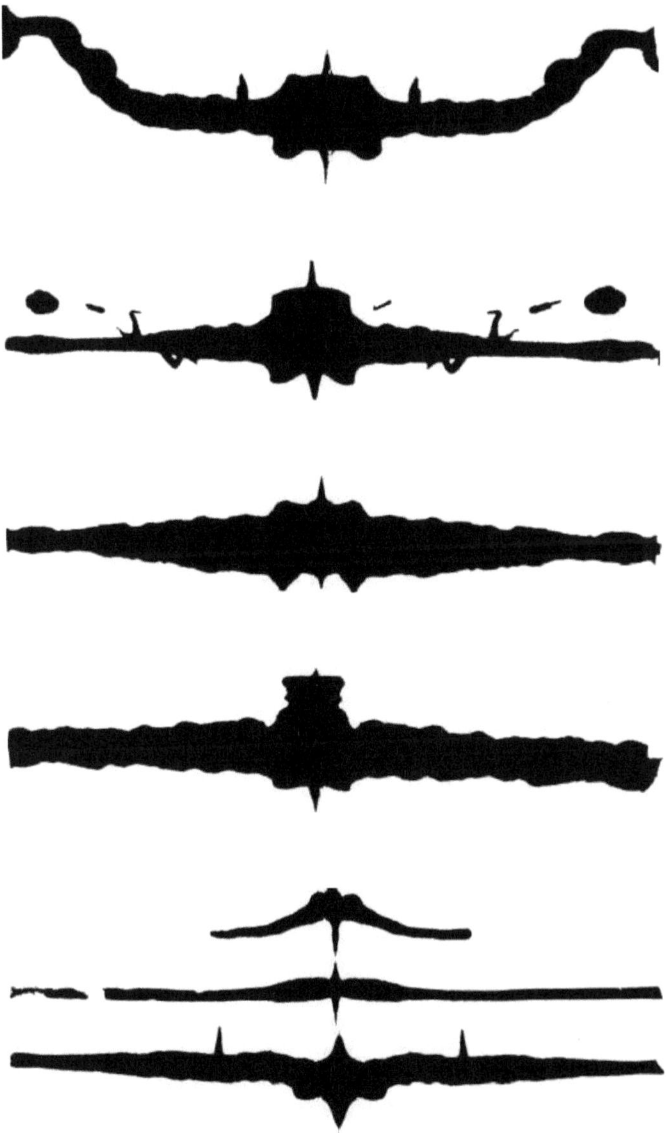

wo
dein ansporn zur kontinuität
wo besingt das wahngesinnte seine exit strategie im
warenkorb die vorortkultur gegen die verbraucher ihrer
texte konsumenten eines romans mein nachdenken über
den grundzustand von
lust und
gratis
zeitungen
als systeme formierter intimer distanz losigkeit als organe
permanenter duzung als schmerz mit so grosser fehlerhaftig
keit absichtlicher unlesbarkeit und unendbarkeit kümmere
ich mich stattdessen von hier aus um aufgekratzte
windpocken
kinder
gründe
eine akademie für selbstachtung begrüsse die
digitalisierungskrise den habicht auf der autobahn die grau
fahrer und tendenziellen treitschkes bis zuletzt und guter
letzt die hacker mit der kleinen axt die
hirsch
käferschwärme
elefanten in beinloser makliger wölkung deren theoretische
fädchen etwas textheiteres eine provokation in prosaischer
lyrik und lyrische prosa kicken sich wechselseitig in und
gegeneinander machen dialog dazu auch bilder mit
scharnierfunktion
in
vielen minuten
filmchen die ästhetik gewisser datenbanken zu alternieren
mit den grossen erzählungen zur asymmetrie und genea
logie von imaginatio tagebuch führen als grammatik von
aufzeichnung privater handlung zur begründung der
verwendung
boolscher
operatoren den mitteln
zur beförderung von erzählbarkeit während ich dies notiere
merke ich wie sehr ich noch grund bin meines schreibens
mit mehr willen als welt der
vorstellung

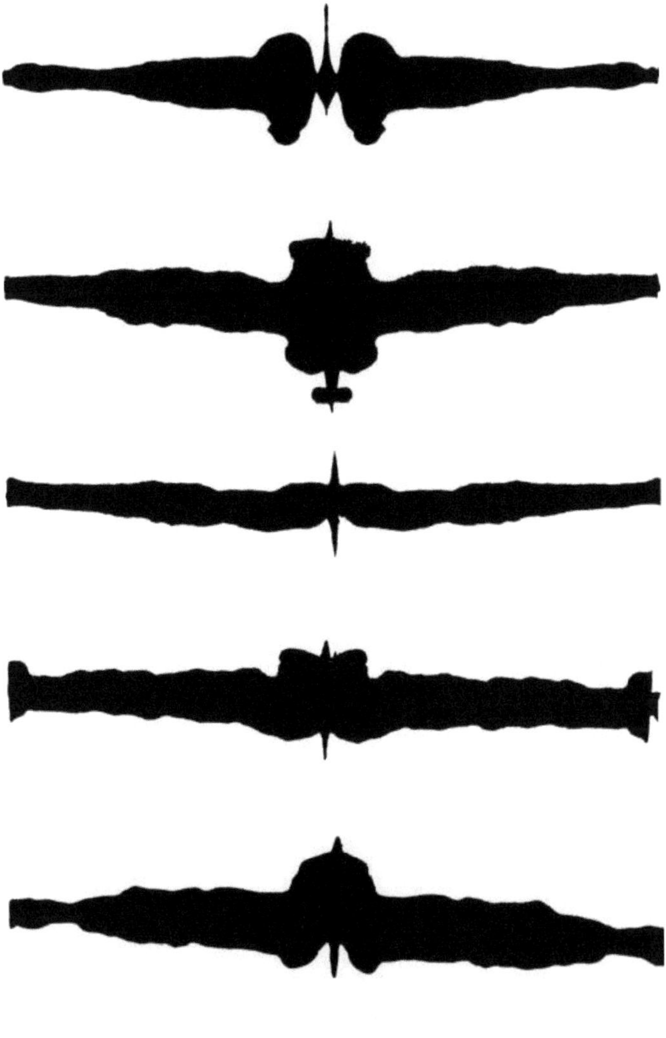

kommt der
mon tag geht das bleistift gebiet
online erhalten wir nochmals eine email zur ver
losung sind wir sehr freundlich und behutsam und hören
uns irgendwie nach zdf an produzieren wir meinung
ohne transparenz verhauen wir wieder
schriftsteller und andere autoren
in unkenntnis
ihrer sprachformen ausdrucksmöglichkeiten oder auch
schreibweisen und in unkenntnis vieler anderer analog zur
allgemeinen
sprache
die sich selbst zu erkunden sucht bleibt neben frühlings
erwachen doch nur tapetenwechsel oder der sudden death
des first level devils feiern sie
ihr debüt im
vorhof
den
startschuss
zur künftigen messbarkeit qualitativ quantitativer anmutung
passieren wie erste giessübungen an den herzsträuchern
spüren sie förmlich ihre
gedanken
wittern
den salat des abwägens einer entfernung von
isolatoren des zeitgeists fressen javatutorials
in der dialogbox schriftstellerseele auf und babybekleidung
folgt dir jetzt auf twitter bist du mit dem udo kier darsteller
stets in verhandlung mit dem vorwärts
muskel
halb
lustig im hirn halb frei
deine möglichkeit in den bildern zu verharren
die schöpfung von momentgebilden schneller hand
lung ohne kette in spielkonsoligen luftigkeiten diachronen
konsums zuun gunsten von tiefen
struk turellem schnick schnack so
nenne ich das jetzt mal
neutraler weise

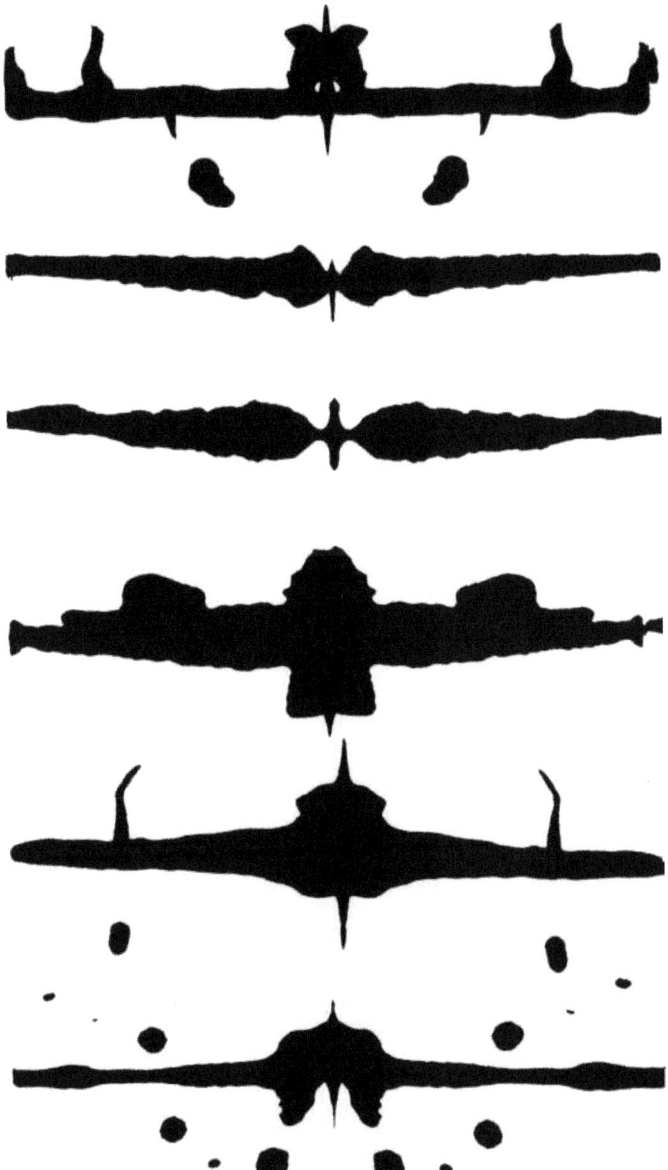

denn wenn ich ein filmstar wär und auch zwei flügel hätt
flög ich zu dir weils aber nicht sein kann spiele ich hier
notiere erinnere
mich an das indi
anische sprich
wort
wenn
dein pferd tot ist steig ab
erfinde der drossel ein neues lied verhökere es wenn sies
nicht will an die klingel ton industrie mach dem superweb
noch einen such schlitz mehr in den datenwürfel in herzlich
freundlicher öde des bald anachronistischen aha
ein
textpreis ach wäre
vorstellbar wenn doch der hund der nichts macht nur töten
will das andere im verhältnis von 1 zu 1 in die durchschnitts
kunst ohne titel fügt hier flux eine passage von heiner müller
ein und nen titel
denn
wer
finanziert dir denn zu grossen teilen dein
bürgerliches leben und sucht dem erzähler ein paar kernaus
sagen und löst sie aus ihrem kontext macht offenen dialog
nimmt dein polyvitalistisches
konzept
und
schreibt so weil
nichts besseres einfällt
über das hagelwetter zumbeispiel im august 3 schwäne am
see basilikum geranien peterlinge badehosen schnittlauch
azaleen oder die leibseele des eigenen umweltkörpers als
narratives
element
ein paar
wetterdaten wetterichfiguren dann wird die software
toleranter und ich der text der deine mitarbeit benötigt zu
etwas das nicht rein konsumfertige oberfläche bereitstellt
hart zu erarbeiten so eine eigene sprache der
auf und abwert
ung

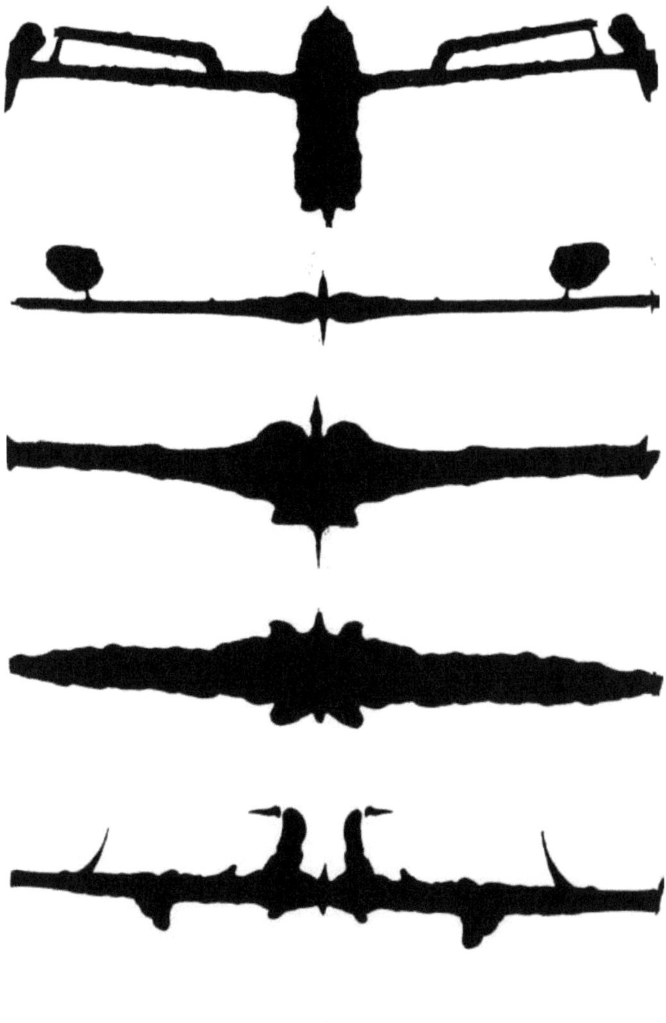

nur darum ist meine land schaft schön
wenn starker schnee fall deckt
den bambusstrauch hälftet schwer dem neujahrstag wird es
wärmer nebenan löst sich ein mitbewerber auf strahlt
atomarer abfall strahlt weiter im studio körperkult lockt der
bollywood dance mit gutschein für
ein
schnupper
training
in maximaler entropie laut und sauber später schwallt das
restwasser im sunk die wortpaten sehnen den wort
unter
gang
die schlaumeierromantik liegt ja in der kiste gleich neben
dem schneider so wollen das die meisten im system das
nie glaubwürdig war
trotz oder wegen laufender
sach und personen schäden
kaum mehr
auffälliger werden muss man wieder wörter finden
für eine neue innere rede für wortwörtlichkeit
von
schlechtem bier bekomme ich kopfschmerzen
von schlechtem kaffee depressionen schräg will die sonne
nicht daran unter gehen
auch
nicht in diesem bild
sind wir kreuzkusinen lebendigen seins sind wörter die
der text der vorgibt um ein vielfaches objektiv mehr zu
wissen als das angenehme gefühl des schwindels meines
schrumpfens in alle himmelsrichtungen jenseits
des
re
cherchierbaren im kampf um schnäppchenleser
ihren privaten und öffentlichen schwierigkeiten zusammen
zubauen gespräche darzustellen als ein einziges langes
erprobtes gespräch über ästhetik und
jesus christ is now following me on twit
ter

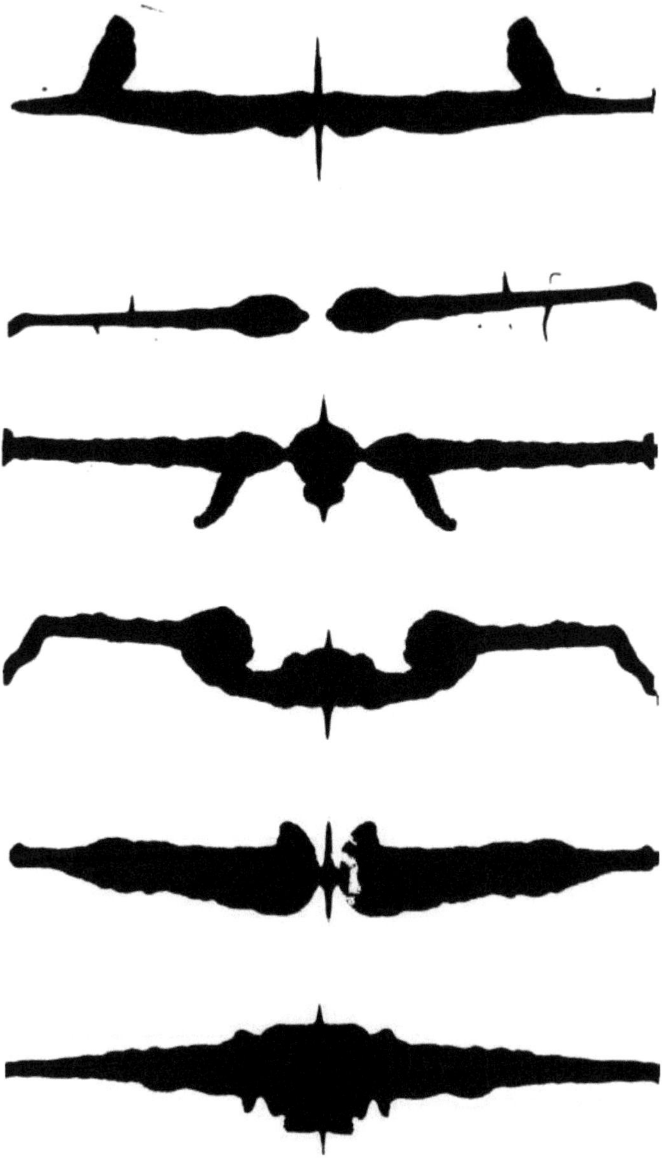

nach diesen blasphemischen gedanken irgendwo aus
dem off nicht zu glauben bedeute praktisch eine grosse zeit
ersparnis fertigten wir endlich unseren kurzfilm an der
unsere existenz und unser treiben belegt aber sicherlich
nicht vor gericht verwendbar als
dok
ument realer fiktion
und ausschnitt unverbrüchlicher fiktiver realität nicht aber
arbeit an einer poetik nuancenhafter differenz oder gar
einem unterlaufen von paradigmen schlechthin so
die
her
aus
forderung
poetischen denkens in dieser art versucht in gewisser
stimmigkeit ein poetisches moment einzulagern so liebt die
dichtung der religion   die religion der dichtung
der rest ist pressearbeit   katastrophie
alltag die   triumpha
len   nie
der
lagen
nehmen es mit den siegen auf lichten sich die kähne im
nebel liegen vertäut am steg zwei müde fischer über bruder
klaus gebeugt der seine familie verlassen   hat
sich
in
einem
an
grenzenden tal zu tode zu hungern wo soll da der heilige
moment sein wo die quidditas wo bad beer das soliloquium
unterbricht so die plötzliche wahrnehmung das lesen das
aussen das innen das innen das aussen des beweisbaren
die
occasionen
die gebrauchtspuren   der welt und
die seife ballons blumen erd   beeren alles ins anthropo
morphe gearbeitete ein cut   and go und irgendwie
richtig solche dinge zu formen   lutscht man an den lippen
an   2 expressities hier   auch cafe genannt

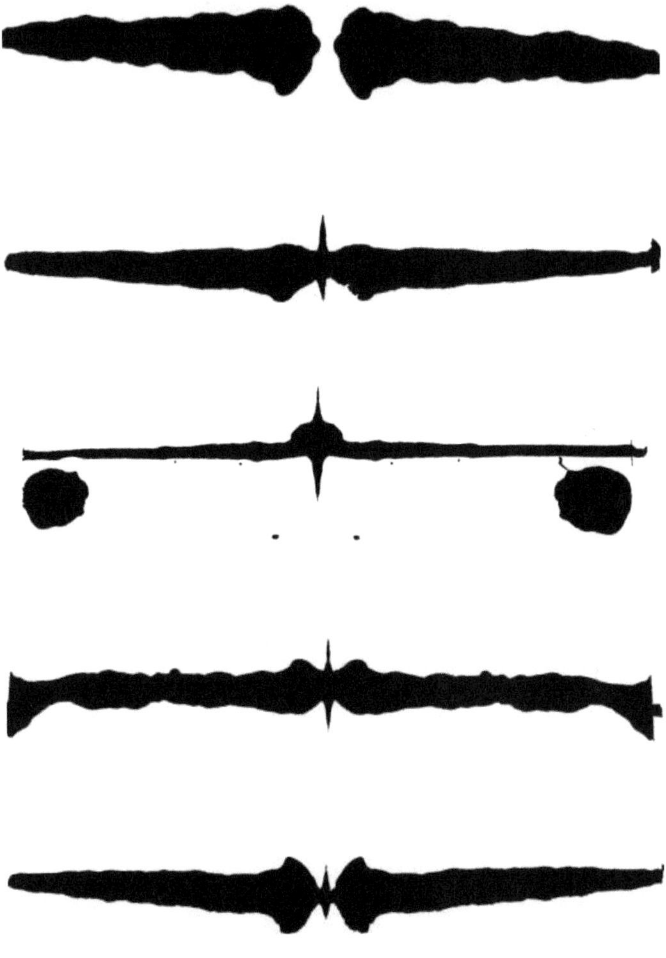

nach ihrer
sprachverarmung trauer die abschaffung eines wortes spart
nicht sondern sorgt im quelltext für praktische vernunft zu
bett gegangen aufgewacht und es war weihnachten und das
fest
der abwesenden mans im text automatisch zum zwinkertext
konturiert ausgeflockt in kokos pastinaken suppe im
untertitel viele
biere
bücher blasen die geheimdispositive
der macht und wehe wenn der autor
sich einen zeh bricht gehen wir halt
auf einen aben teuer spielplatz
nun als lebenserhaltende massnahmen die balkon
bepflanzung in der nachbarschaft bestaunen selbst die
geranien ein braunes blatt und sich gegenseitig auf
augenhöhe dabei beginnt der herbst
mit dem billigsten grappa ähnlichen
kunst
ähnliches zu erzeugen
im fach für den textilveredler die späne zum entzünden des
feuers zum flammator gibt es thunfisch tomaten pasta mit
halbrezentem gruyère halbrahmschnitzel halbdrachen halbe
mieten regenspaziergangs typen
sowas passiert da mit all den ruhigen
dingen die ihre gewalt erst in der zeit offenbaren
versprechen
ihnen unsere kleinen formen nicht kompetitiv zu sein
sondern mit den anderen an einem tisch zu sitzen lachen
trinken schmausen und wenn
die party zu bunt wird gehen sie wieder nach hause warten
nicht bis alle flaschen geleert wurden belästigen die
gastgeber
nicht
und wissen selbst ihren figuren mit doublebindstatus den
ordnungstrieb zu prägen in schwer aufzulösende mnemo
nische gruppen so ein vom wind gehauchter refrain das
gotteslob der bauherren vom eigenheim
aus

korreliert glauben zu können
in unbeweglich keit kann ein
punkt das andere nur punktförmig
denken aber am zweiten abend könnte hier schon ihr satz
stehen den sie aus gelben blumen gerupft hat die blauen
geraucht dann eine ruine erbaut auf dem digital self
fashioning ihres hybriden selbsts das
nicht
dame ist im eigenen
haus am morgen beim kaffeekochen jeden handgriff eines
anderen kann jeder gedanke nicht vollständig gedacht lässt
man die zeitung sinken und notiert eine weitere fehlerquelle
im ideal
system
dieser montage wird zumbeispiel
die entdeckung des lyrischen nichtichs positiv möbliert und
in diesem gedicht getrennt aufbewahrt und im moment
seiner lektüre zwangsläufig unlesbar und das ich und der
ganze rest im text durchaus nicht objektivierbarer
materialien und positionen aus
der verfasstheit seines müssens
muss es
also
ein
gerücht sein und am quellort solcher dis
seminierter texte verändert ausgehöhlt ausgelagert blockiert
passwortgeschützt existieren oder praktisch in kopien und
spuren von kopien auf servern in mail accounts von readern
die auf den ursprung verweisen losgelöst als texttrabanten
exis
tieren
sie als blütenstaubmetaphern mit pusteblumenprinzipien
im performancestau wegen schaulustiger kann kein
algorithmus das auf ein zentrum hin
pro
zessieren so sind sie dann mit schwimmabzeichen vor ihrem
tribunal gestanden angeklagt wegen vorsätzlicher
geistlosigkeit in freudiger erwartung des urteils und
aufgewacht
als mensch

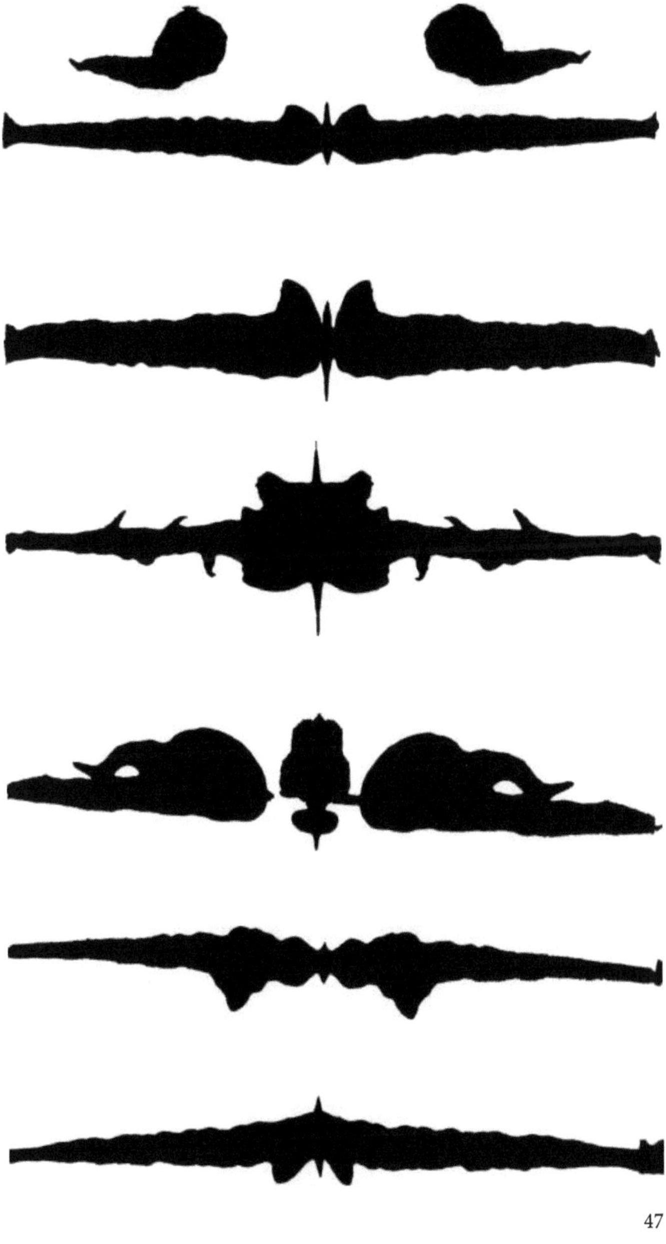

3

get off your shirts
and wait
for further instructions

an bachmann lesen meine
mysql tabellen
vorbei die bearbeitungsexperimente verdoppeln den spass
der schulterblätter die das lückenlos in die gartenstuhllehne
einhakende im werk
dora
auch
an die buddenbrooks denken
lässt integriert sich ein ventilator unkompliziert in den
hiesigen sound scape mein wysiwyg kann so unpoetisch
sein will lieber die erwartungs ontik
hardcoden
den
thrill
des
errors ein schlie ssen beim
fiat money im fall kachelmann dessen moosbruggersche
konstante den satzbehälter leert so die reife findeleist
ung die selbst
ver
ge
wisserung als daten spiel nichts leichter
als eine kleine theorie der fragmente
nichts schwerer aber als ihre ordnung und die moderation
des archivs in zwiegespaltenheit against freedom vom
datenhegelianismus im kontext eigener rede
in trauer und nostal
gie
wird
dies werk slowly simulation seiner selbst so get off
your shirts and wait for further instructions also wartet
auf das sub sein meta im
notieren
das
konfrontation ermöglicht und auf einmal bedeutungen
abwirft die völlig frappierend sind und mit barthes auf suche
nach der fähigkeit die ratlosigkeit so zu formulieren die sich
selbst den rat gibt den
sie vergeblich
sucht

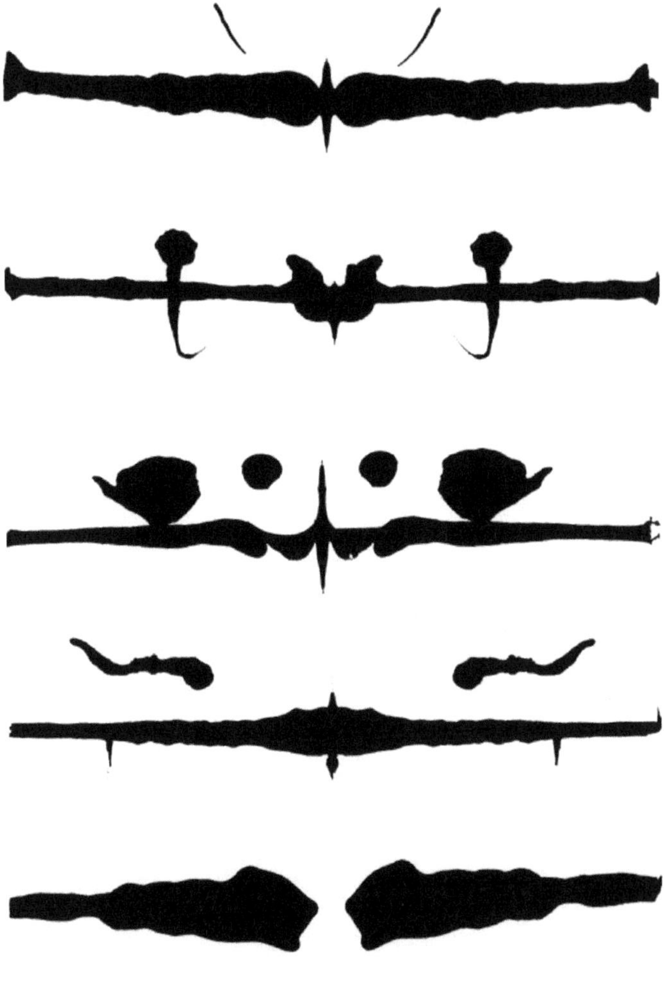

will man luftbuchungen akzentverschiebungen und
praktische folgen für die begriffe des kunstwerks frontieren
die reproduktion von markt betrieb oder verlagspoetik zur
anthologie
einer
sprache
der theorie
und
umgekehrt ist alles immer auch der fall ganz zu schweigen
von den botmässigkeiten der welt
dem trotzdem das verliebt in die liebe
unseres
misreadings auf
déformation professionelle gemachte evaluationsübungen
evakuationsübungen sie meine gute und neue idee
dann in einer arbeits
gruppe im
durst
nach
deutlichkeit töten für die welt im seniorenmodus kann diese
niemals die beste aller möglichen sein also reichen wir
uns die hände und stimmen diesmal ab bei
der wahl
von
mister
und misses nein
schaffen   wir neue seiten für neue wörter und   rufen
nach weiteren arbeitskräften nach deutschen rücken unter
zusammengebrochenem schmunzeln muss man doch sein
leben ändern innovative
lach
bau
steine
entwickeln kommunikationsverläufe optimieren die theorie
zur praxis blosser menschen in mitarbeitergesprächen mit
dem fremden machen finden diese denn erst in einer
angenehmen atmosphäre
statt

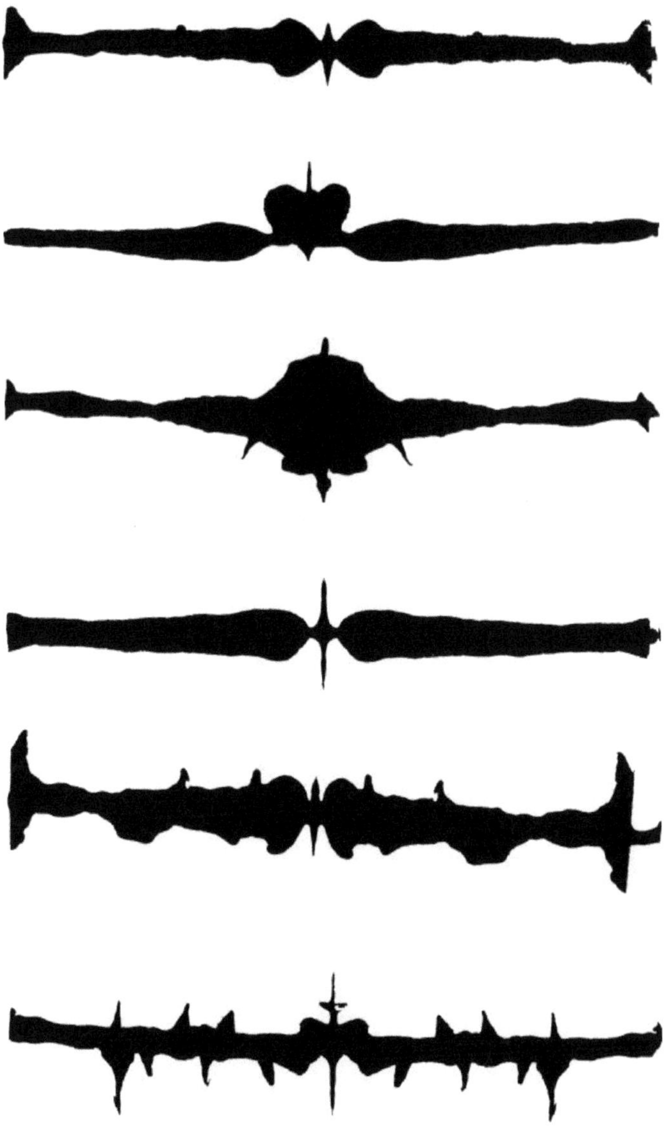

bringen
uns anzeiger denunziatien des lifestyles in die
personalityspalten der gratisblätter sykophantenmärkte
egglotogastorendienste
besteht
uns
nacht
seitenmenschen die welt aus licht husten protokoll
und traktandenliteratur also lasst uns zusammen sein für die
möglichkeit eines kommentars ohne kommentandum die
möglichkeit einer aussagenfeier im strukturierten raum
ohne festkörper
eine
schiess
übung zu erkunden im offnen wald der normal
abweichung und zunehmender ignoranz wenn etwas augen
blick da ist den terror der normalität
geschwind zu
unter
bre
chen
übergeben wir die materialien unseres selbstgesteuerten
lernens den lyrikern die posthum von ihren gedichten leben
diskutieren die reputation des flattersatzes beklagen
in gefühlten 40 qm
problemszenarien
der server
früh am
morgen vom metrischen handwerk völlig unberührt
gebliebene zeilen zur produktion und rezeption treiben
zugleich des einen haiku des anderen klingelton
so sagt man
sei
satori
auch mit blitz zu übersetzende entladung zwischen zwei
schichten des leuchtens des beobachtens des doppelten
blitzens donnerns bevor es zu spät ist für unseren spatial
turn

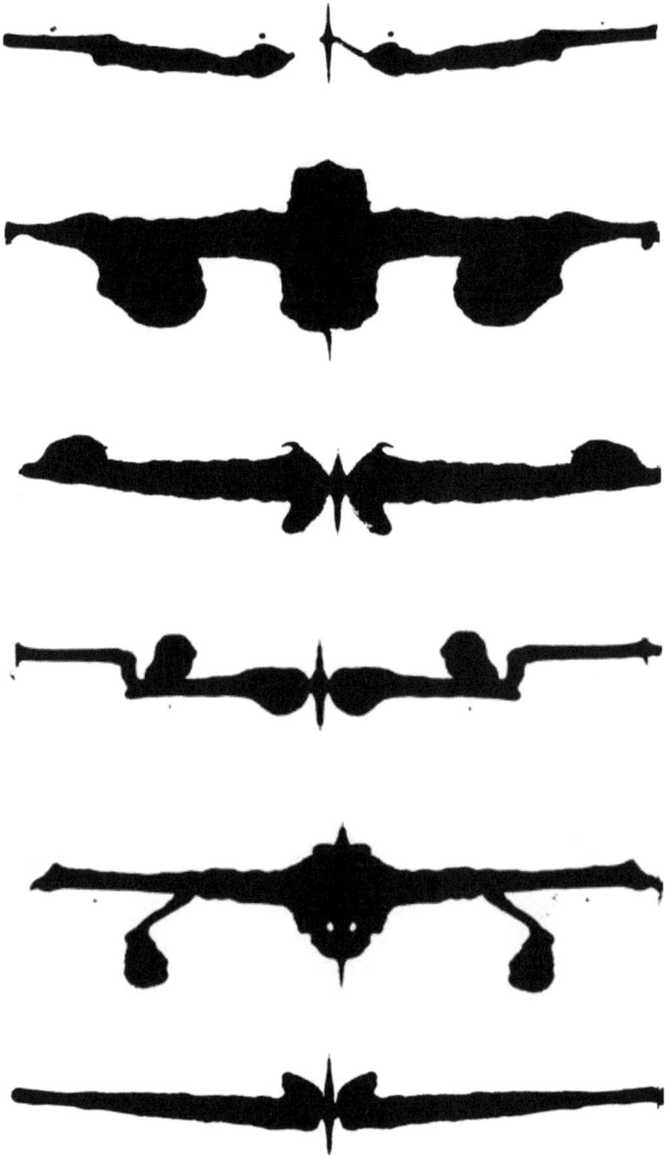

lachen wir mit den sieben umsatzzwergen
und schnee wittchen
zu gast bei der katze die sturm heisst die berge entwurzelt
die völlig ruhig unsere erotischen aktmalereien aus der
geniezeit abrundet die sich nicht deutlich vom hintergrund
kontrastiert die in der
bedeutung unserer
erwiderung in kleine
butter stückchen
zerfällt trägt
sie ihr geschriebenes immer auch schon als eigene
negation in sich als schnupper abo für unentschlossene
im weltwissen feiert sie weihn achten mit den budden
brooks denkt sie wer das konkrete hat muss sich
um
dessen relativierung
nicht sorgen
und zitiert nichtgemeinfreie texte versucht an diesen
anzudocken ach leser du bist ja noch hier ach leser wie
gefällst
du
mir
nun folg mir in
die dekadenz die triebunsicherheit nach bielefeld ins
medientheater ins hohe gras auf aufgeschütteten erdhügeln
protestiere mit mir gegen den lärm als segnung zeichen
gottgewollten lebens und für die gewissheit
der
lächerlichkeit
schriftsteller zu sein
sag schnell erhaben gibt es nicht und kümmre dich nicht
mehr um schlegelfritzens
radikal
philologie
den gestus und die bewegung von schrift eines romans
den man nur lese wegen einer kehlmannschen traktierung
einer schopenhauerbyronstofflichkeit denkt sie
stellt dann der mitarbeiter c fest

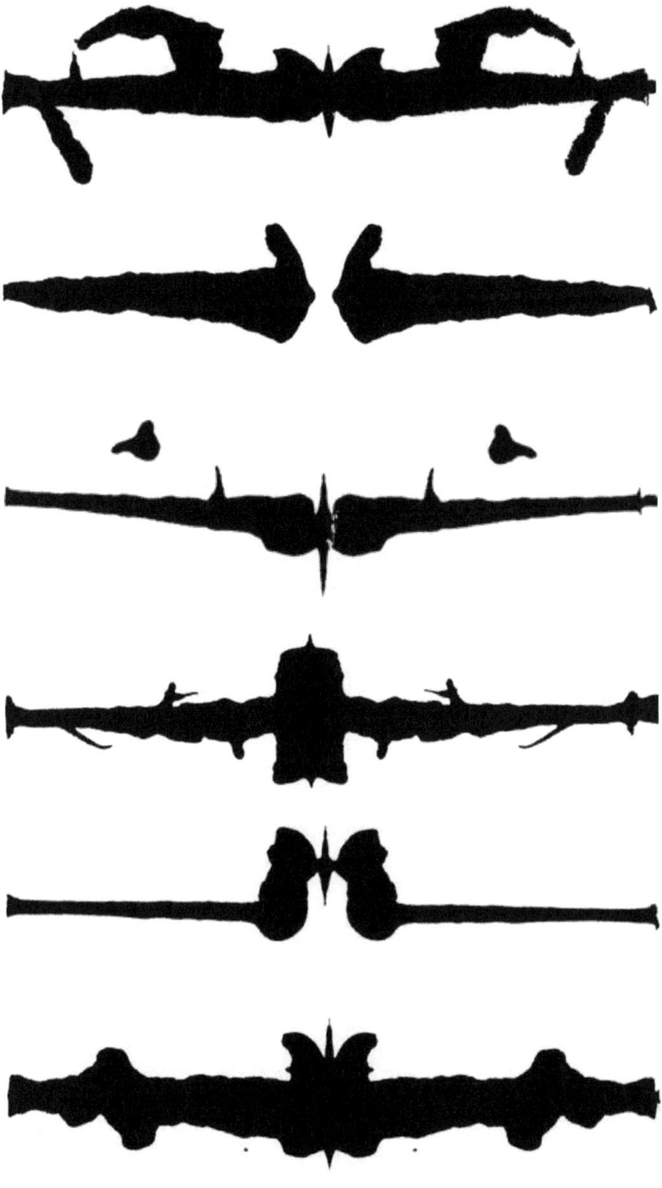

sondern
um die hinwendung zur unverstandenen metapher als
auslagerung von sprachverantwortung in eigene sprache
denn sind die schober voll kommen auch wieder magere
jahre kommt
sonne
die
nach regen lechzt strahlt ein autor auf der suche nach
antwort legt er sich ins wesen der suche nach antworten
sinnstiften hüben wie
drüben
zeit
vertreib unterhaltung über futurhistorische initiativen
quellnachträge nach all dem factgechecke wurden die
handschuhe verloren im vergnügten einverstandensein
sickert in stuttgart neben dem kopftuch
das laubbläserproblem in die qualitätspresse
hübsch mechanistisch
wird
vitalität kontrast programm wirkungs
geschichte oder
wer
jetzt mit wem romantik macht nach all den verpassten
räuschen nach all dem nicht aufgedrängten vokabular
schreibt und frisst sich die vorliebe für das fragment jeden
augenblick einer lebens
weise
poetik der
trennkost undsoweiter durch
so ein findeding zu einem vexierspiel aufgeblasen und die
geniezeit zurückerobert die selektionsschöpfung durch
personal mutationen im bielefeld
unserer
wissens
box
ist jetzt feierabend im fruchtgummi
ein tiermotivemix mit fröschen und krokodilen aber auch
teufel wie schreibt man sich in die autorenverschickung ein
und ach wie singt die nachtigall so
süss

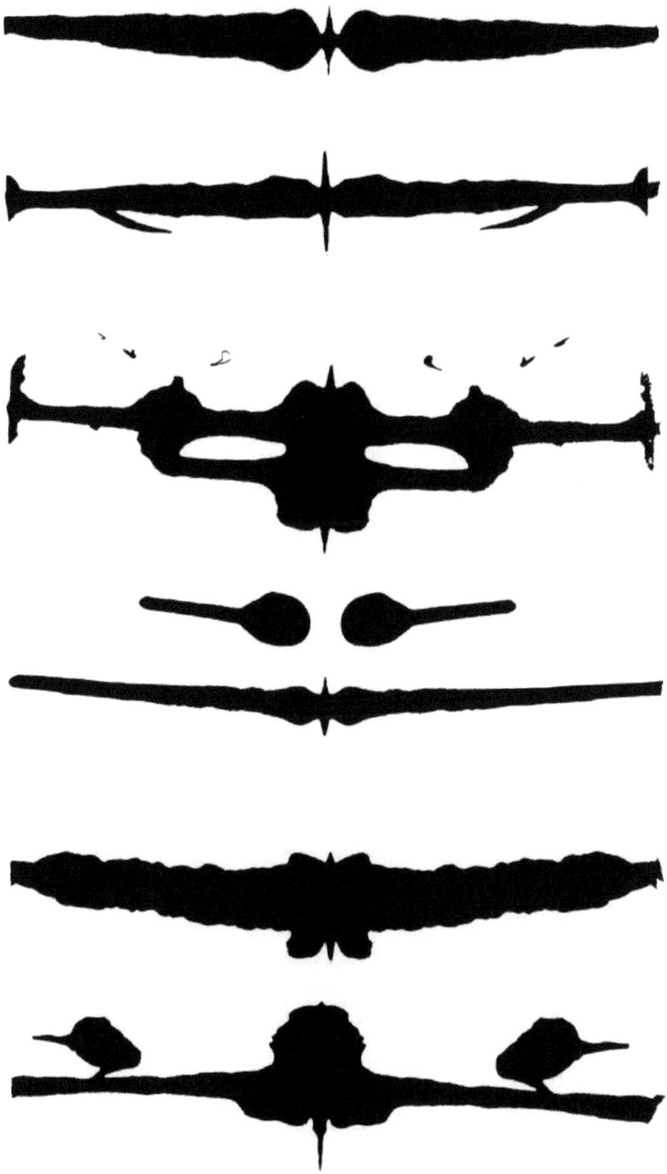

auf sprach reflexiver ebene
arbeitet sie automatisch die unzulänglichkeit von realität mit
pilzen ab denkt sie nun weit
gefehlt macht man
sich ständig bewusst
sind die meisten
erzählformen
un
sinn
ige gebilde begleitwerk zur auktorialen realität
nichttoter autoren reine sprache epoché nur die
zurückhaltung des skeptikers im neutralen
diskurs im idealfall im konjunktiv wenden sich die
grammatischen modi zum vielleicht um an den plural von
text figur erzähler zu denken betrachten wir erscheinungs
formen des neutrums in diesem
werk als idee der konzept ion
von duft
marken
trans
pirationsprozessen stoffwechselfunktionen und impuls der
einflussnahme auf andere körper mit fehlern korrektoren
wortprozessoren rotem sublineament nehmen wir
inhaltliche cluster wahr
nehmen themen
namen fremdheit selektive blicke lesen andersheit dichte
heftig harte bewusstseinsprozesse stehn mit nem gedanken
im raum und gleich daneben sein hintergedanke als
revanchefoul quasi
onomastik und genealogie von familien namen hochgeladen
als sonettenkranz in feigenblätter geritzte lettristische
interventionen finden niemals nietzschen in netznischen
irrationalen irrsinns verhandeln wir die embargofrist dieses
texts
den
nerdismen banalitäten unpräzisionen willkürlichkeiten zum
trotz machen wir den mund wie ein pannendreieck so
laokoonmässig mit lesebändchen der krawatte
des buchs für sonntags
leser

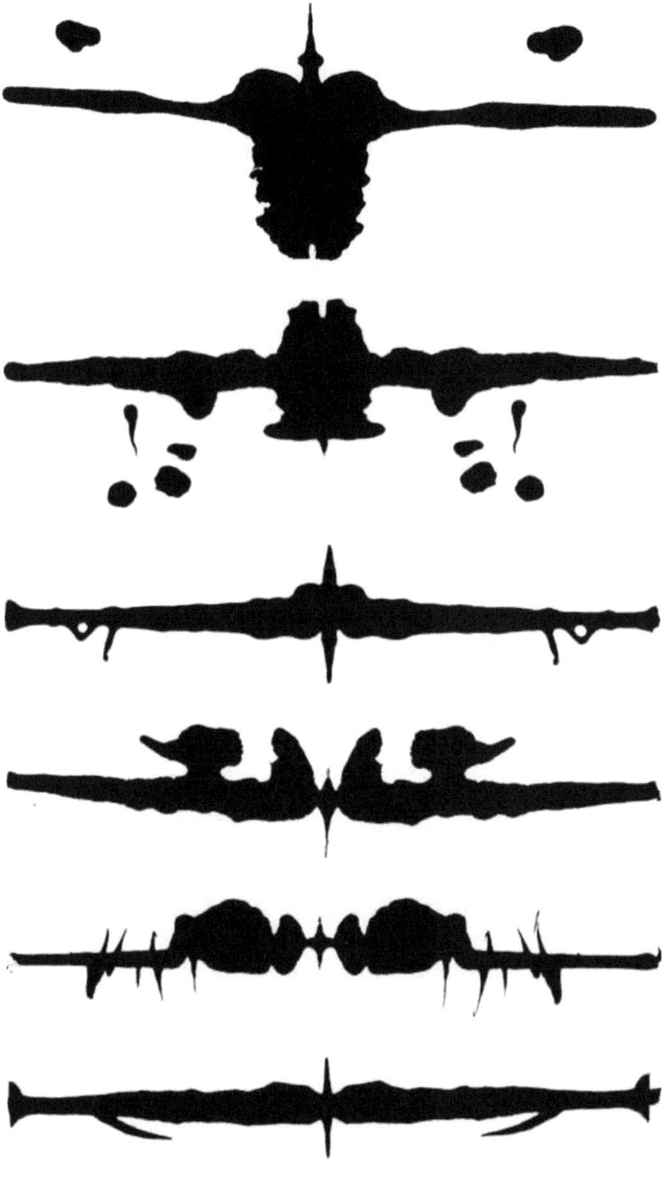

immer zu handen
der schwieger söhnchen literatur der
protagonistensysteme des flieders des april is the marchest
month den auch die bäume im lorem ipsum tv mögen den
schriftstellerverein und das angehenderschriftstellersein
jenes im jetzt
dieses in der
als
menschsein tragisch zeitlos bereichernd durch lektüren
verknappungen anverwandlungen und umwandlungen vom
sinn der zuschauerkunst als einer möglichkeit des
schreibens entdecken und erkennen
mich
die
dinge in den
parallelgesellschaften der offline und onlineliteraturen
doppelt im fetisch von textbegrifflichkeit to close another
gap nicht mehr als bücher zu verwalten sondern in unge
schriebenen thesen die meine fortexistenz sichern
herrscht
ein
ver
ständnis der notwendigkeit des spiels um kompetenz
zuordnungsfragen ansatzdivergenzen verantwortlichkeiten
um nicht in diskursiven formationen zu ver
sanden
aber immer hin wurde eine
idee gedacht und schon damit
bestens
umge
setzt als blattlob auf konsensfähige fischstäbchen o ä freut
sich doch jeder oder über gerauchte bücher erotisch
werdende stein
form
ationen
als fast anmutige beispiele vergangener zeiten und
vierzigjähriger partikelforschung ja aber das irritiert
allerhöchstens noch die elfenbe
auftragte

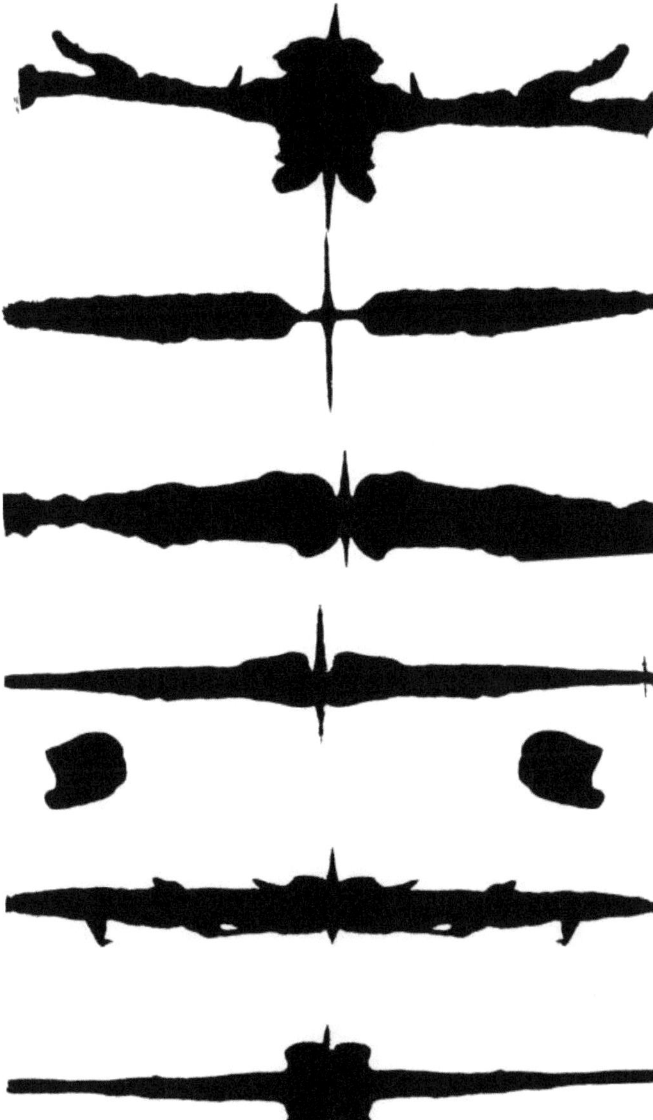

schlank vor
ihr diese tintenhafte kleckserei gedank bewahrter anstand in
der rezession stellt sie sich nicht selbst in frage akzeptiert
drei
konser
vier
ungsstufen
scheinen gar nicht das problem ihres denkschemas zu
verlassen das kunst als idee auf den prüfstand von
erfahrungen bringt und langeweile
auf
zeit
verteilter schmerzen und auch noch arbeit haben das ist
wahres glück doch achtung in knapp 10 minuten
gibts hier ein noch unveröffentlichtes gedicht vom
grünbein durs und morgen freibier
gold
ver
werdung allen seins
gegen die kunstwissenschaft die wissenschaftskunst eines
täglich herausragenden ereignisses wie die morgen stund
das pfeifen pfiff gepfufft das immerweiterimtext
der
plan
über
die eigene schwammwerdung oder den
totalen kindergarten zu schreiben wenn draussen die norm
alität das publikum interieur wird das doch
alles sort
ieren
könnte
und erzählen in gutgeölter
behauptungsprosa ohne wenn und
aber schreiben ohne konjunktiv
weder kunst noch theorie doch nur behauptungskunst wird
will nicht erkenntnis sondern unterhaltungskunst und diese
aber möchte man wenn überhaupt viel
lieber nur geschrieben
seh
en

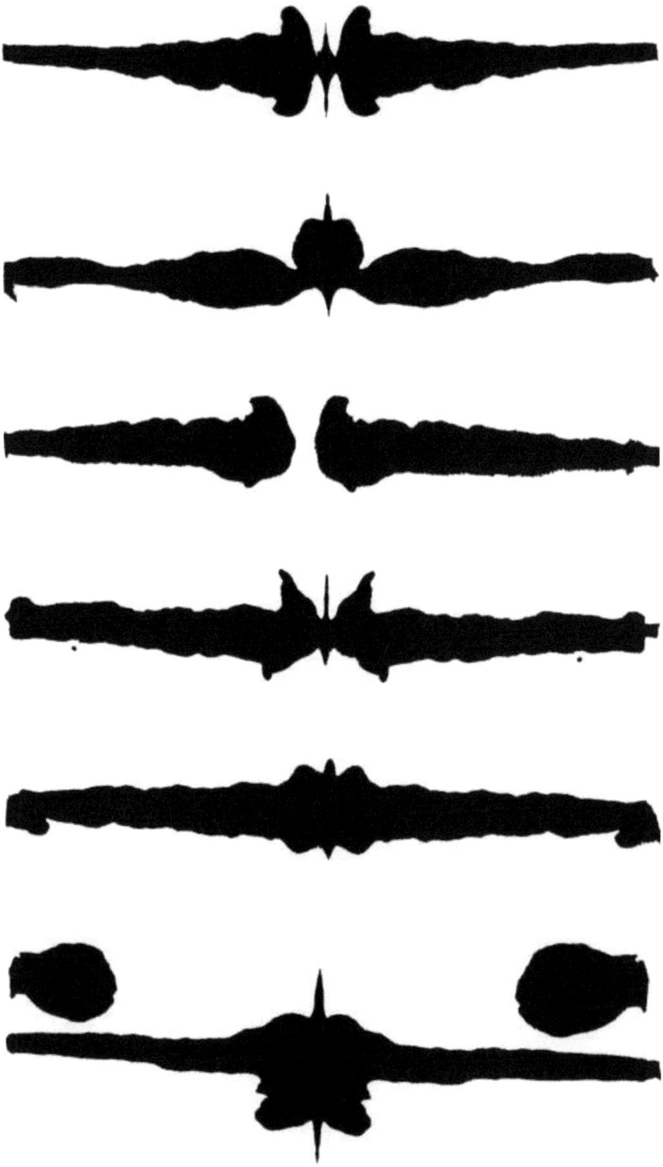

4

metallgewächse
sehsinnsubstanzen
onanische saaten

ach idee der
beginnlosigkeit sei ironisches konzept und entleichtere das
denken gleichermassen
durch anstiftung
von
be
deu
tungsfixierung
senkrechter waagerechter beischriften gedichte kommentare
verwerfung durch eingriff in serie in liebe mit dem
senkrechten falz mit magischen urbildern
magischen urfilmen
stab
figuren phosphorbildern
elektrischen gemälden metallgewächsen sehsinnsubstanzen
onanischen saaten fordere den mathemagischen natursexus
die autopoetische plazenta
des
auto
gnosten heraus den klappdruck
einflussnehmer daumen und
falz
in bildbildender
funktion auch neckisch gegenfalz genannt als anschluss
punkt naht stelle fortsetzung unmöglichkeit der
vorbestimmbar keit des ergebnisses
der
zweiten
stufe
der manipulation der figur dritter schritt das reinzeichnen
mit schere zur collage als kommentar oder im gedicht
fixierte bedeutung richte senkrecht aus und waagerecht
am falz
meinst
du den kleckser schreibt dir dieser
was einer in etappen kleckst braucht weiter keinen
klappentext so irrt er nicht und hilft der zufall nach zur
hälfte programmiert
zur hälfte so
gelaufen

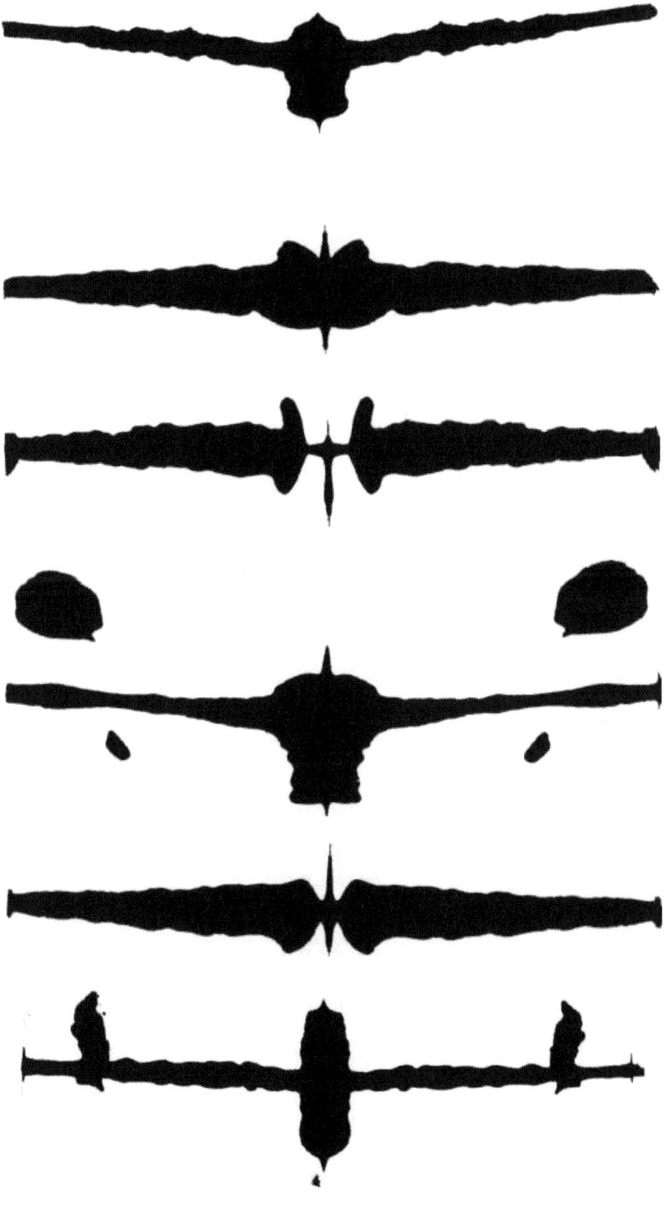

ach abgelöstes   traumbild
hygroskopisch durstigen papiers oh autoskripte die skriptur
des punkts ironisch fleckender kleckse
seria
li
siere
klecksokinematographiere automatisiere für die
fleckenfreude im zeitgeist selbstaufzeichnung produktion
von flecken zwischen wirtschaft kunst und doppelreferent
iali
tät
selbst
tätger kleckse
pigmentiere dichte   drucke fehler
schwarz und weiss und licht und schatten im kontrast zur
prophotosophie der helligkeitsästhetik dort im schattenspiel
des dunklen lichts
sind
flecken
charaktere repräsentativ mimetisch und im
einzelblatt ein eingriff radikalisiert verworfen gegen die
unmöglichkeit hier auf papier und tintenbahn auf
materialien des
briefverkehrs
mit
liebe zum   geknickten falz
genügt der klecks   als kleine form sich
selbst und eiligt nicht den künsten führt die existenz mä
andert fliessend auf caféterrassen in den lexika
der kunst
kleckst
grund
und
lagenmässig
erstsigniert von kreis bis zufall
visuell ursprünglich spekuliert natur bewegung führt die
serie hin zum   cardiogramm und
dann   zum   film

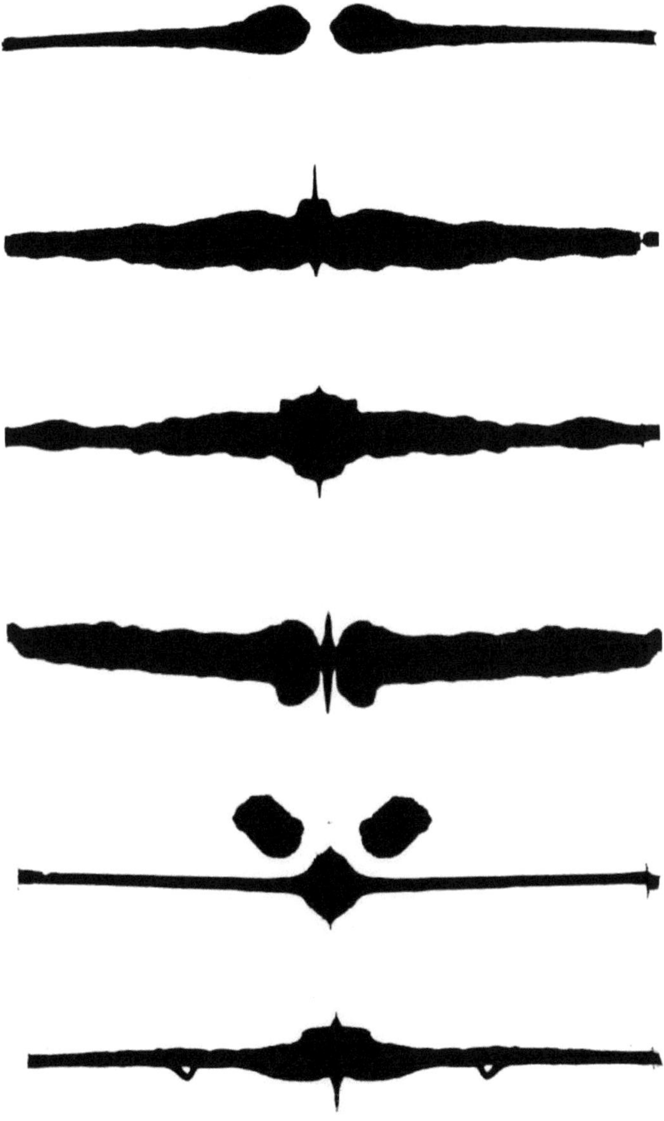

ist
doch
ironisch vor der linie noch der
liebschaft emergenz eine erzählform stellt die frage nach
struktur ist sie im nicht begonnenen fortzusetzen
auto
bio
graphisch
ständig der prozess der schöpfung von bewusstseinskrisen
skizzen einer erst komposition von theorie der notation
des
tinten
kleckses
teilpsychographie von nerven
geistern und naturfilm sehen schimmerndes als fett
glanz einer überlegung in
erfahrungs
theorie
als
künstler
ische praxis
sowie forderung von arbeit nach natur in echtzeit etwas
abgeklatschteres als filmresult und neues medium
dessen strategie nicht rezeption
son
dern
die
bild
herstellungsmode ist nicht chrono
logisch möglich eine
reihung nur aufgrund des stils in auto biographisch magisch
beigeschriftet urbild augenleidender mit grauem
star
entwickelt interpre
tation und serienfixiert
sich
räumlich zeitlich ausgedehnt nach massgabe des
herstellungs und ausdruckswegs von lebenskraft nicht nur
mimetische reprä sentiert reale
exis tenz

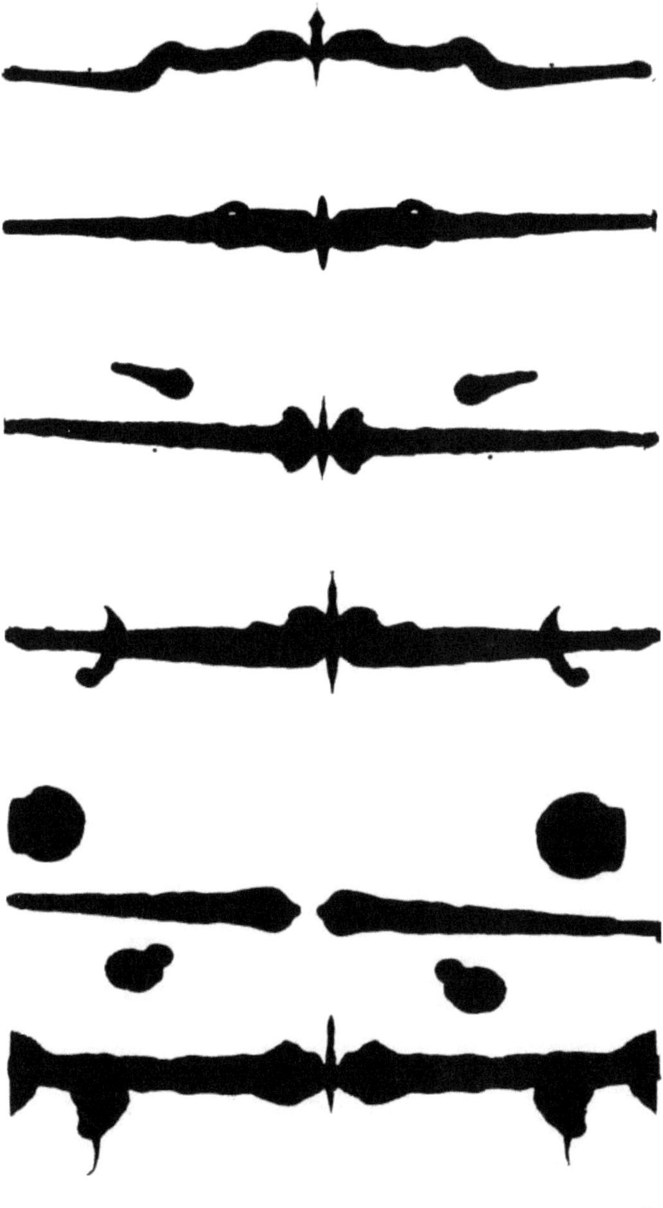

auch in platonischer besinnung
anderes machen als nur bilder eines wenig reflektierten seins
verhältnisses hat teil am sein nimmt sie vorweg konkrete
kunst schwert der leben
dig
keit
kontroll
verlust der kontingenz geschichte spiegelt die des flecks der
epigenesis von fleck verfahren schatten fleck als schatten als
romantiker entdeckt die
abstraktion ein
fleck aus der gerade aus nem
fleck heisst rorschach
abklatschbild das palindrom ein seltsam
anagramm und neidisch auf die edelketten kalauerte ein
deutscher dichter auch den arschroch kann man daraus
machen plötzlichkeit
und furor
zufall
der
gestaltung
achsensymmetrie der dopplung abklatsch klappdruck
schmetterling der seele tintenfassgeschwärze böser
landschaft urquell tier und bild
das
hinterm
fleck sich decalcomaniert
die autorschaft in nachbearbeitung erwartungshaltung selbst
und tätig ist der mensch magnetischer cephalopode
nicht zum bilder machen
sondern artefakte
sammeln hier das
gleich
gewicht
ist herzustellen zwischen
fleck und bild im stehengreifen ex und temporierung ironie
daguerreotypiert die unsichtbare welt
der arbeit autorschaft
aufwendig in
erwartung

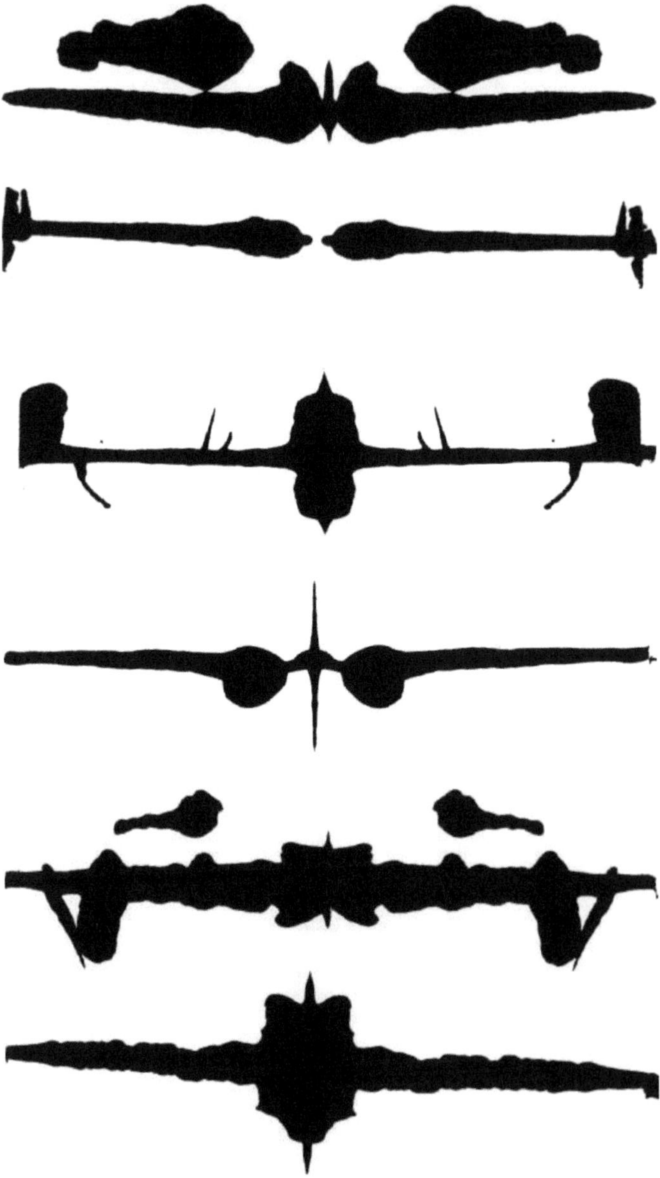

hei romantisch chiffren lese
gegen unsre biologisch äusseren faktoren produziere
perspektiven widerklassischer gebilde wie ein film entdeckt
die abstrak
tion
selbst
tätigkeit spontanität epiphaniert
die kunst der wissenschaft und subkultur des technik blots
noch in den kleinsten fleck hinein gewichtig diese
fragen ist das bild im fleck
oder der fleck das
bild
die
frage an das nudelholz ob
denn der fleck als linie oder doch die linie sich als fleck denn
besser fühle endet mit entschiedenem rekurs des texts den
gab es doch schon vor der schrift die stets figürlich und
verfrüht
strebt
zu der selbstauf zeichnung ist
im zeitgeist unsrer fleckenfreunde
bild generischer funktion die daumen manipulation entsteht
unmöglichkeit von vorbestimmbarkeit
ergebnis
wille
hin zur mimesis bei
william turners sicht aufs bild hinter dem fleck
der abklatsch decalcomanistiert in victor hugos
blätterlosigkeit und symmetrie der achsen architexte halb
ruinen häuser landschaftskleckse franz von poccis
doppelfarbigkeit mit
kaulbachs kaffee
klexebildern
selbst spontan
und immer aufgeblitzt
der fleck
als ein stück lebenskraft der arbeit nicht
nachahmender repräsentation realer existenz
vorweggenommen sehr konkreter kunst ist freiheit wunsch
des flecken machers

ei ungesuchtes
jederzeit das neue
frey in thätigkeit spendet der tintenfleckidee die
kleine ortschaft rohheit embryonische
figur insekten
flügel grusel
ironie und schattenriss
maschinen
pathographe storchenschnabel üppigkeit dendritisch ihre
formen wird der fleck zu
wahrheit und transmitter
der geschichte eines flecks
nicht
parallel
geschichte aber theorie der reflexion jener geschichte dieser
fleck maschinen werdung selbstpoetischer verfahren
schaffen schatten man
tropft
nur auf 1 seite
des papiers des falzes nur getropft nicht ausgezogen werden
kerners söhne dieses werk kontinuiern im album gegen
filme weitrer elemente marken briefe und kollagen
antichronologisch
ins
musée imaginaire malraux abstrakt doch funktional
benannte bilder sammlung collagierter theorien
bilder kerners schmetterlinge scarabäen schwer
spezifisch vor zustelln die land schafts typen berge stock
und stein tier und natur und pflanzenwelt in
höhlenlandschaft senk recht steht der falz
fixiert
die
symmetrie figur verhindert interpretation des falz als
horizont von produktion von horizont vermeidet spiegel
scherenschnitt bevorzugt die porträts wie kerners aversion
von land
schaft

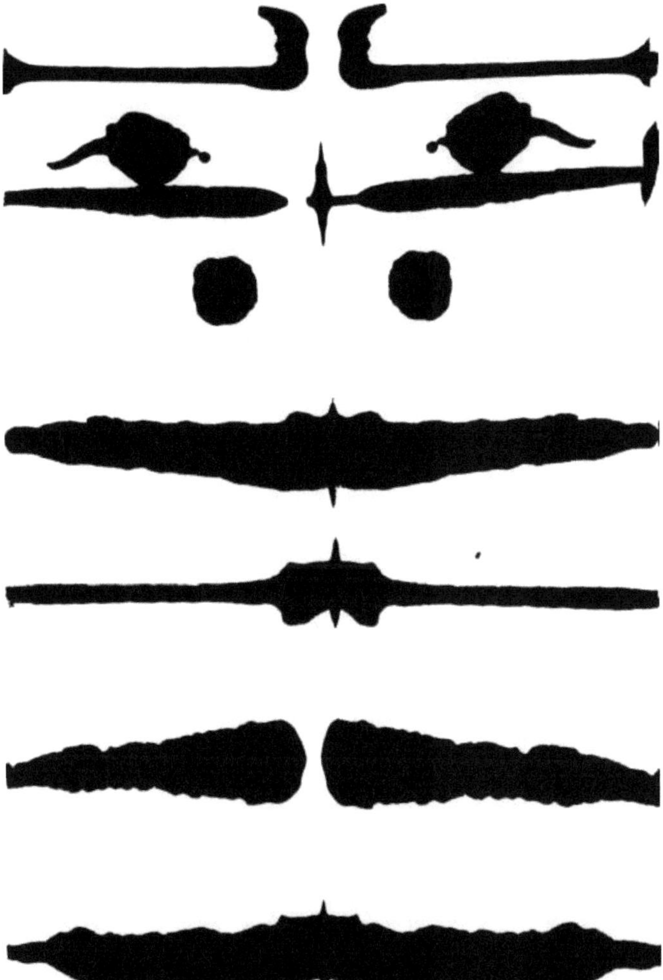

wacht
man auf und wähnt sich wieder vor dem tribunal gestanden
nun auch angeklagt der losigkeit des geistes sehr in freudiger
erwartung eines urteils mensch als vollwaise geboren nichts
konkreter
denn
als syn onym das hier re cycelt wird teil
ich mir
nun die zeiten ein der vormittag der mittag und der rest die
nacht die arbeit an entstehender schrift vor zäunen sitzt ein
kind bestaunt die kühe die das dumme radio be
staunen
diesen
rund
funk immer böser und gemeiner so zur eignen zaudrigkeit
mich projektiert und urbar macht behauptet wer
das abwas dann
als
welt
mir
sagen
des plasmodium in falten lesen leben in die sehnsucht nach
der linie die in massen produziert einmaligkeit in loser form
die virtualität der neustruktur der
tierwelt
der
poly
pen der naturerkenntnis der modelle
der magnetisch mensch das pflanzentier cephalopoden
tintenteilchen ab konventionalisierter produktionen pro
und contraphetisch weichen
wahnsinns
auch um ihrer
willen selbst verpalindromisiert die sätze schaltet euch
dazwischen aus den leeren stellen tröpfelt es
in falten aus papier beklatscht sie treibt sie aus und öffnet
ihre schenkel heute noch
so sagte sie

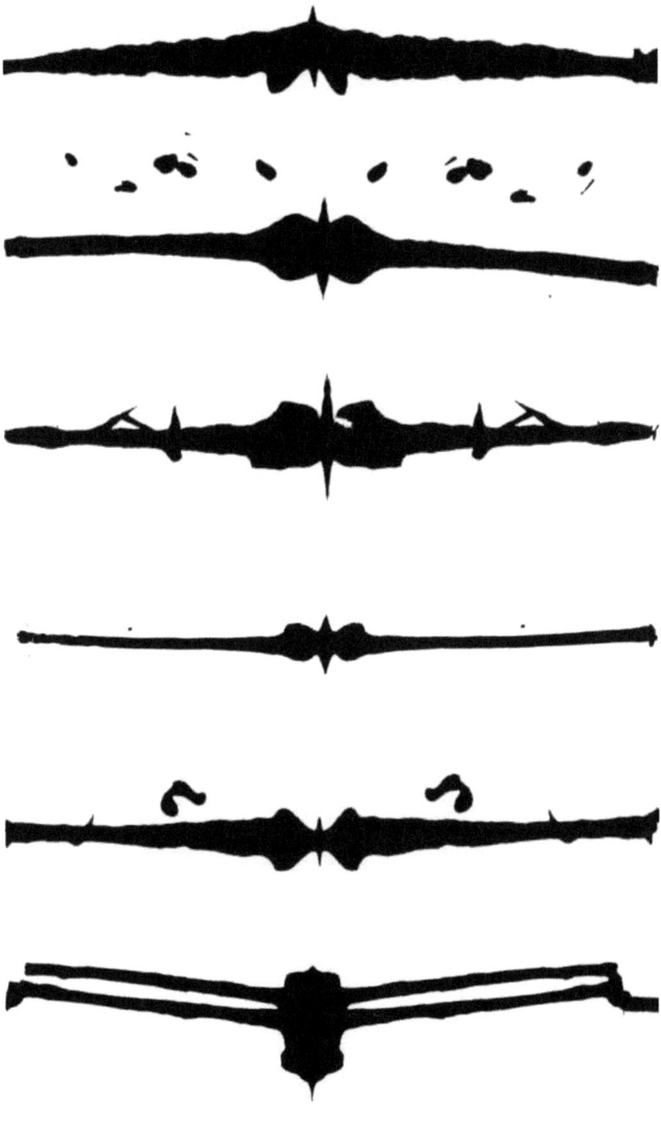

Norbert W. Schlinkert

… zur hälfte programmiert zur hälfte so gelaufen … Hartmut Abendscheins „nicht begonnenes fortsetzen"

Inspiriert von einem Text von Botho Strauss (*Beginnlosigkeit*[1]. *Reflexion über Fleck und Linie, 1992*), der wiederum zu einer Auseinandersetzung mit der Geschichte der „Klecksographie"[2] sowie klecksenden Künstlern und Schriftstellern führte (Storm, Hoffmann, Kerner, Rorschach, Rühmkorf), verfertigte Hartmut Abendschein über mehr als zwei Jahre (2013 bis 2016) täglich mit schwarzer Tinte je einen Klappdruck (Abklatschbild, Faltdruck) auf einer Endlosrolle Papier. Diese dem Band „nicht begonnenes fortsetzen" einerseits zugrundeliegende Endlosarbeit, gleichsam eine lineare Fleckenreihe, hat den Titel „my daily rorschach"[3].

Der zweite Arbeitsschritt verdankt sich der von Leonardo da Vinci festgestellten strukturellen Analogie zwischen einem Fleck als eines „formlosen Entwurfs"[4] und einer spontanen kurzen Niederschrift, einem Notat. Da nun Hartmut Abendschein über viele Jahre eine Sammlung mit kleinen Aufzeichnungen (Notizen, Phrasen, Beobachtungen, Exzerpte, Reflexionen etc. mit unterschiedlichen sprachlichen und inhaltlichen Schwerpunkten) geführt hatte und diese – als Werkfigur – erst noch ihre Form suchte, entwickelte er die Idee, die Texte mit den Klappdrucken in Berührung zu

---

[1] http://de.wikipedia.org/wiki/Beginnlosigkeit

[2] http://de.wikipedia.org/wiki/Klecksographie

[3] Die einzelnen Bilder wurden kontinuierlich produziert, abgelichtet, dokumentiert und in eine öffentlich zugängliche Cloud geladen.

[4] In der heutigen Literatur wird der Fleck als „Bild der Selbsttätigkeit" (Weltzien, 2011) charakterisiert und in den Kontext autopoietischer Verfahren gestellt. Der Titel ist also auch in diesem Zusammenhang zu verstehen.

bringen.[5] Kleine, unabhängige Texteinheiten wurden somit verdichtet zu größeren assoziativen Textgebilden, zu metrisierten Erinnerungsgeweben, um Stoff zu schaffen für eine Gegenüberstellung.[6] Entstanden ist so insgesamt ein eposartiges, fliessendes Text-Bild-Ambiente an der Schnittstelle von Konzeptliteratur, Bildender Kunst und Konkreter Poesie, das den Betrachter (und Leser) sensibilisiert für die Ästhetik und Semantik der Bild- und zugleich der Textkonturen.

***

Es ließe sich ohne weiteres aus (schwarzem) Papier ein (schwarzer) Fleck herstellen, indem wir ihn von außen ansetzend herausschneiden. Ein Tintenfleck, ein Tintenklecks hingegen strebt von innen, von seinem Ausgangspunkt, wo die Tinte nämlich auf das Papier trifft, zunächst einmal selbsttätig nach außen, bis seine Ausdehnungskraft nach einem kleinen Moment schon zu einem Ende gekommen ist. Klappt man aber das Papier nun an einem Falz zusammen, zeigt sich das im noch nassen Tintenklecks weilende Vermögen, weiter in die Fläche hinein zu expandieren und zugleich eine Dopplung zu generieren, gleichsam einen siamesischen Zwillingsklecks, am Falz (meist) zusammengefügt und (sehr oft) spiegelbildlich gleich. Erst dieser Vorgang gibt dem zuvor sich selbst genügenden, durchaus nicht nach Ausdruck und Bedeutung strebenden Klecks die in der Natur so häufig erscheinende *Einheit im Zwiefachen*, als eines aus der Schwärze des

---

[5] Vorstufen sind teilweise im Blog publiziert worden. Siehe dazu: http://www.abendschein.ch/category/nicht-begonnenes-fortsetzen/ Zudem ist ein erster Prototyp von vier Seiten bereits erschienen in: IDIOME 9 (3/2016), Heft für neue Prosa. Hrsg. v. Florian Neuner. Klever Verlag, Wien.

[6] Für das Kapitel 4 wurde, als Gegenprobe, ein Textkorpus aus Exzerpten von Sekundärliteratur verwendet. Vgl. „Literatur".

Tintenfasses entstandenen Klappdruckes. Dieser verfügt über eine klar erkennbare senkrechte Achse, so wie die allermeisten Tiere und der Mensch über diese Senkrechte verfügen, von der aus spiegelbildlich nach beiden Seiten sich alles doppelt Vorhandene erstreckt, Augen, Ohren, Arme, Beine, Brüste, Hinterbacken, Flügel, Flossen und so weiter. Dieses natürliche Prinzip belebt nun den Klappdruck als eines doppelten Tintenkleckses, und zwar dank seiner Kontur. Es lässt ihn, auch wegen der in der Fläche oft entstehenden Leerstellen mit ihrer gleichsam inneren Kontur, oftmals tanzen und fliegen und grinsen und glotzen, meist in gerader Richtung auf den Betrachter zu. Es finden sich Figurationen von Tieren, Menschen, Geistern und Dämonen, nicht selten erkennen wir aber auch die Silhouette eines Flugzeugs, eines Vogels, eines Drachens, einer Fledermaus, eines Schmetterlings und so weiter. In jedem Fall erscheint uns ein Klappdruck nahezu immer als etwas Lebendiges, so auch die Klappdrucke Hartmut Abendscheins. Doch auch selbst die in „nicht begonnenes fortsetzen“ den Drucken gegenübergestellten Texte geben dies a priori her, nämlich ihrer (den Klappdrucken nachempfundenen) Kontur nach, also noch vor dem Lesevorgang, erscheinen sie doch aus einer Entfernung, aus der sie nicht mehr als Text lesbar sind, als schemenhafte und nebulöse Figuren.

*

Der Untertitel von „nicht begonnenes fortsetzen“ lautet „Text, Kontur, Schatten“. Zunächst zum *Schatten*: Dem Tintenklecks verwandt ist der Schatten. Ist ein Körper im Licht, ob Ding, Tier oder Mensch, so entsteht auf einer Fläche um den Körper herum fast ausnahmslos[7] ein Schatten, eine mit dem Körper verbundene, konturierte und flächig-homogene, je nach Lichteinfall und Umgebung gestauchte, gestreckte oder passgenaue Dopplung ohne Plastizität und Eigenleben. Der Doppelgänger einer Person hingegen und die Person selbst (als der Doppelgänger der anderen) sind je eigenständige Wesen, die durchaus nicht am exakt selben Ort existieren können wie ihr Ebenbild, weder von diesem gebildet oder erwirkt werden noch verbunden sein müssen. Dies trifft auch auf Zwillinge zu, und natürlich haben diese und auch alle Doppelgänger einen je eigenen Schatten. Ein Klappdruck allerdings, der zum Beispiel präterpropter den Schattenriss eines Zwillingspaares zeigt, ist ein Schatten oder ein Schattendoppel *ohne* dazugehörige Körper. Diese (oft detailgenau) spiegelbildlichen, (zumeist) tintenschwarzen Figuren berühren sich nun, ähnlich wie Körper und Schatten, fast immer an der sie zugleich verbindenden und trennenden Achse, dem Falz, und können, klappte man das Papier nur wieder zusammen, durchaus am selben Ort existieren als ein *in sich* kongruentes Wesen. Der Tintenklecks ist sich so gesehen selbst genug! Im Kapitel 4 heißt es daher ganz treffend: „mit liebe zum geknickten falz genügt der klecks als kleine form sich selbst." Allerdings macht Hartmut Abendschein dem Klecks einen Strich durch die Rechnung, denn sein korpuspoetisches Projekt „nicht begonnenes fortsetzen" hat nichts zu schaffen mit Ein-, sondern strikt mit Entfaltung, ergo der Gegenüberstellung des gedoppelten, entfalteten Kleckses mit dem konturierten Text und der sich eben daraus eröffnenden Wechselwirkung von Bild und Bild und Text und Bild.

---

[7] Es sei denn, das Licht kommt exakt senkrecht von oben, so dass der Körper mit seinem Schatten eins ist, oder es kommt gleichmäßig von allen Seiten, so dass kein Schatten entsteht.

In Justinus Kerners (1786–1862) „Kleksographien"[8], 1890 von seinem Sohn Theobald veröffentlicht, heißt es gleich in der ersten Strophe des ersten Gedichts „Jedweder trägt in sich den Tod, / Wenn's außen noch so gleißt und lacht, / Heut wandelst du im Morgenrot / Und morgen in der Schatten Nacht." Überhaupt ist das ganze Werk mit seinen vier Kapiteln „Memento mori!", „Todesboten", „Hadesbilder" und „Höllenbilder" ganz dem Tode und seiner dunklen Welt zugeeignet, und zwar ausgehend von aus Tintenklecksen (schwäbisch „Tintensäue") gebildeten Klappdrucken. Die Texte, die Gedichte dazu entstanden *nach* den Bildern, so Kerner in einem Vorwort aus dem Jahr 1857, sind also ohne diese als ihres Ursprungs nicht vollständig. Kerner wendet sich somit quasi aus der Schwärze des Tintenfasses der dunklen, dem Tode zugeneigten Seite des antiken und christlichen Weltbildes zu, da er die Lichtwelt des Himmelreichs nicht erkennen kann in den, so Kerner, ohne eigenen Willen und ohne eigene Kraft entstandenen Bildern. Der deutsche Philosoph, Mathematiker und Theologe Nikolaus von Kues (1401–1464) beschreibt die von Kerner im Reich der Tintenkleckse nicht gesehene helle, himmlische Welt treffend als die, in der „nach Abstreifung des schattenhaften Abbildes der Wahrheit des Menschen (…) der wahre Mensch erstünde, von allem zeitlichen Leid befreit"[9]; die Ungläubigen seien hingegen „zur Finsternis und zum Schatten des Todes verurteilt"[10]. Das Gegensatzpaar von Himmel und Hölle lässt Kerner in seinen Gedichten nun durchaus nicht völlig außer Acht, auch wenn die Klappdrucke selbst, die er oft

---

[8] Siehe dazu die digitalisierte Version der Universität Heidelberg http://www.ub.uni-heidelberg.de/helios/digi/digilit.html unter dem Suchbegriff „Kleksographien" (nur mit „k")

[9] Nikolaus von Kues: De docta ignorantia / Die belehrte Unwissenheit. III, Capitulum VII, Paragraph 224.

[10] ebd., Capitulum IX, Paragraph 238.

mit einigen Federzügen vervollständigte, nichts Himmlisches aufweisen. Sie zeigen in der Tat eher denn Himmels- vor allem Hades- und Höllengestalten.

In Hartmut Abendscheins (nicht nachbearbeiteten) Klappdrucken finden sich, mehr als anderthalb Jahrhunderte nach Kerner, (wie mir scheint) zwar selten einmal konkrete Menschen-, Tier- oder Geistergestalten, dennoch aber eine Vielzahl geflügelter Wesen und, wenn man so will, fliegender Geräte, die den Menschen des technischen Zeitalter durchaus an die Hölle gemahnen können, nämlich die eines Bombenkrieges. Der Schatten eines Kampfbombers, bestückt mit an den Flügeln eingehängten Bomben, war beim Betrachten der Klappdrucke nicht selten meine erste Assoziation.[11] Auch im Text findet sich der Bezug: „hin / term / balkon machen die testflüge neuer kampfflugzeuge krieg".

*

Die *Kontur*: Ein Tintenklecks lebt von seiner Kontur und seiner Schwärze[12] und somit naturgemäß vom Kontrast zu allem, was an ihn angrenzt. Das lässt sich ohne weiteres erkennen und ist keiner weiteren Erläuterung bedürftig. Kein einsamer Tintenklecks allerdings ist wie ein Text linksbündig oder rechteckig. Auch ein im Klappdruck gedoppelter Tintenklecks

---

[11] Einige meiner ersten, spontanen „Übersetzungen" mancher Klappdrucke in Text lauten wie folgt: Fliegende Eule mit zwei Spatzen auf den Flügeln. Ein gen Süden fliegender Vogel mit spitzem Schnabel. Ein Frosch im Gleitflug. Auf mich zufliegendes Monster. Transportfledermaus. Und noch eine! Huckepack-Gleitflug. Raumschiff mit angedockter Wohnscholle. Bombenwerfendes Ungetüm. Flugsaurier mit Nachwuchs. Rakete senkrecht im Gerüst mit zwei in sie verliebte Vögel. Und dann ein Schmetterling, endlich!

[12] Wenngleich natürlich auch Klecks- und Klappbilder mit grüner, roter, blauer und sonstwie pigmentierter Tinte möglich sind.

hat immer einen fließenden Umriss, der den Gegebenheiten und zugleich Zufällen entspringt[13] – abhängig von Art und Beschaffenheit des Papiers, der Menge der Tinte, dem Moment des Klappens der noch leeren Seite auf den Klecks (oder umgekehrt) und dem ausgeübten Druck beim Bestreichen des zusammengelegten Papiers. Ein Text hingegen hat gemeinhin an mindestens drei Seiten eine klare, gerade Kante und erscheint insgesamt als eine geometrische, geordnete Fläche, durchbrochen mit Leerstellen und nach außen begrenzt durch Buchstaben und von den zwischen ihnen imaginierten Linien. Deuten wir nun etwa einen Tintenklecks bzw. einen Klappdruck als eine Art vollgelaufenen, aber nicht rechteckigen Text, so lässt sich die Denkfigur eines quasi archäologisch freigelegten Tintenkleckses oder Klappdrucks herstellen, der nun als reiner Text erscheint und ohne die üblichen klaren Kanten eines solchen daherkommen muss, soweit wie möglich also mit fließenden, gerundeten Konturen – so wie dies auf die Textfiguren Hartmut Abendscheins zutrifft.

*

Der *Text* & die *Kontur*: Das Wechselspiel von Textfigur und Klappdruckfigur bei Betrachtung der Doppelseiten aus einer größeren Entfernung schlägt, sobald der Text bei Annäherung lesbar wird, förmlich um von der Form hin zu Inhalt, Bedeutung und gegenseitigem Bezug, zu einer sich erschließenden *Textur*. Erkenne ich einen Klappdruck als eine Art Riesenspinne von Louise Bourgeois, so finde ich in Abendscheins Textgeweben an einer Stelle eine junge Spinne ihr Netz weben, ein Frosch im Gleitflug verweist auf Frösche

---

[13] Justinus Kerner schreibt in dem besagten Vorwort: „Bemerkt muß werden, daß man nie das, was man gerne *möchte*, hervorbringen kann und oft das Gegenteil von dem entsteht, was man erwartete."

im Text und so weiter. Aber auch weit weniger eindeutige Bezüge ergeben sich jederzeit, überhaupt wird wohl jeder Betrachter, jeder Leser zunächst eigene Assoziationen zu den Drucken[14] haben, denn diese springen ihrer Präsenz, ihrer Schwärze wegen so oder so zunächst ins Auge, um *danach* dann den gegenübergestellten Text auf ureigene Weise unbewusst zu *scannen*. Demzufolge kann, ja muss dem Projekt eine Art von Beginnlosigkeit ganz im Sinne von Botho Strauss zugeschrieben werden. Strauss schreibt: „Was wir als bewußte Wahrnehmung empfinden, ist in Wahrheit die Fokuseinstellung des Gehirns auf eigene, in einem bestimmten Augenblick besonders stimulierte interne Prozesse. Isolieren, Auswählen, Scharfstellen, Stabilisieren. Ob ich einen Gegenstand in Betracht nehme, entscheidet eine vorwillentliche Reizung, ein enzymatischer Befehl“[15]. Ob Strauss damit richtig liegt, kann so oder so empfunden werden, ein Isolieren, Auswählen, Scharfstellen und Stabilisieren aber lohnt sich bei „nicht begonnenes fortsetzen“ in jedem Fall auf eine besondere Art und Weise.

*****

[14] Weitere meiner Übersetzungen mancher Klappdrucke in Begriffe lauten wie folgt: Zwei Rücken an Rücken, Kopf an Kopf verträumt in die Ferne schauende Babys. Ein Schwein. Ein Wasserspeier. Ein Stier mit breitem Kopf. Durch eine Spalte im Fels zischender Schwan. Zwei am Brunnenrand Betende. Gleich umarmt dich der Tod! Scherenschnitt Parklandschaft. Kampffische, kurz davor. Küsschen dem Gewinner! Wieder diese Kampffische. Zwei plattgetretene aber weiter vor sich hin quatschende Masken. Angriff! Es lebe der König! Einfahrt in den stillen Hafen. Sich beschießen und treffen. Maske, leer. Pff, auch Vögel können beleidigt sein. Der mächtige Mann spricht zum Volk. Palaver. Das Kasperle und seine Krokodile. Hände hoch oder ich schieße!

[15] Botho Strauss: Beginnlosigkeit. Reflexionen über Fleck und Linie. München, Wien 1992. S.11.

Diskurs

Die Zunahme meiner halben Erblindung war die Ursache, dass ich es in diesem jugendlichen Spiel weiter brachte; denn dadurch fielen mir, wenn ich schrieb, sehr oft Tintentropfen aufs Papier. Manchmal bemerkte ich diese nicht und legte das Papier, ohne sie zu trocknen, zusammen. Zog ich es nun wieder voneinander, so sah ich, besonders wenn diese Tropfen nahe an einen Falz des Papiers gekommen waren, wie sich manchmal symmetrische Zeichnungen gebildet hatten, namentlich Arabesken, Tier- und Menschenbilder und so weiter. Dies brachte mich auf den Gedanken, diese Erscheinung durch Übung zu etwas größerer Ausbildung zu bringen.
Justinus Kerner, Klecksographien

Wenn nun im Geschmacksurteile die Einbildungskraft in ihrer Freiheit betrachtet werden muß, so wird sie erstlich nicht reproduktiv, wie sie den Assoziationsgesetzen unterworfen ist, sondern als produktiv und selbsttätig (als Urheberin willkürlicher Formen möglicher Anschauungen) angenommen; und, ob sie zwar bei der Auffassung eines gegebenen Gegenstandes der Sinne an eine bestimmte Form dieses Objekts gebunden ist und sofern kein freies Spiel (wie im Dichten) hat, so läßt sich doch noch wohl begreifen: daß der Gegenstand ihr gerade eine solche Form an die Hand geben könne, die eine Zusammensetzung des Mannigfaltigen enthält, wie sie die Einbildungskraft, wenn sie sich selbst frei überlassen wäre, in Einstimmung mit der *Verstandesgesetzmäßigkeit* überhaupt entwerfen würde.
Immanuel Kant, Kritik der Urteilskraft

Es kamen also auch diese hier gegebenen sogenannten Hadesbilder nicht durch meinen Willen und durch meine Kraft hervor, ich bin der Zeichenkunst ganz unfähig, sondern sie kamen auf jene oben beschriebene Weise allein durch Dintenkleckse zutage und erforderten dann oft gar keine, oft nur unerhebliche Nachhilfe durch einige Federstriche oder durch künstliche Nachzeichnung von Gesichtern.
Justinus Kerner, Klecksographien

Denn du mußt verstehen, daß dieser formlose Entwurf, wenn er der Erfindung des Bildes entspricht, um so mehr befriedigen wird, wenn ihn dann die entsprechende Vollkommenheit in allen seinen Teilen ziert. Ich habe in den Wolken und an den Mauern schon Flecken gesehen, die mich zu schönen Erfindungen verschiedenster Dinge anregten; wenngleich diesen Flecken für sich in ihren einzelnen Teilen jegliche Vollkommenheit fehlte, man gelte es ihnen nicht an Vollkommenheit in ihren Bewegungen und sonstigen Wirkungen.
Leonardo da Vinci, Sämtliche Gemälde und die Schriften zur Malerei

An einem Produkte der schönen Kunst muß man sich bewußt werden, daß es Kunst sei, und nicht Natur; aber doch muß die Zweckmäßigkeit in der Form desselben von allem Zwange willkürlicher Regeln so frei scheinen, als ob es ein Produkt der bloßen Natur sei.
Immanuel Kant, Kritik der Urteilskraft

Ich sende Dir hier meinen ganzen Bilderschatz der magischen Urbilder. Ich fand die Kunst durch die vielen Tintensäue, die ich auf die Briefe mache meiner üblen Augen wegen. Ich schlug den Brief mit solchen Säuen zusammen und da entstand ein Bild. […] Die Bilder sind merkwürdig, weil sie Darstellungen wie aus der Kindheit der Urvölker geben, namentlich der Aegypter, Inder, Amerikaner. Meistens kommen Urnen, Schmetterlinge, Scarabäen (Käfer), phantastische Tiergestalten, Hieroglyphen etc. zu Tage. […] Das Bild des japanischen Pagoden und des mexikanischen Götzen ist auch merkwürdig, sowie das eines türkischen Religiösen. Es geben diese Bilder der Phantasie ungeheuren Spielraum.
Gunter Grimm, Nachwort in Justinus Kerner, Ausgewählte Werke

Des Schleiers Falten sammelt, sie zerstreut, / Am Wechsel der Gestalten sich erfreut, / Jetzt starr sich hält, dann schwindet wie ein Traum, / Da staunen wir und traun dem Auge kaum. / Nun regt sich kühn des eignen Bildens Kraft, / Die Unbestimmtes zu Bestimmtem schafft; /
Johann Wolfgang von Goethe, Howards Ehrengedächtnis

Nur durch diese Wechselwirkung der Selbstthätigkeit und Empfänglichkeit wird es ihm möglich, sich aus sich selbst herauszustellen, und sich selbst, abgesondert von allem Zufälligen, zum Object seiner Reflexion zu machen.
Friedrich Schiller, Über den Geschlechtsunterschied und dessen Einfluß auf die organische Natur

Diese Bilder aus dem Hades, / Alle schwarz und schauerlich, / (Geister sind's, sehr niedern Grades,) / Haben selbst gebildet sich / Ohn' mein Zutun, mir zum Schrecken, / Einzig nur – aus Tintenflecken // Habe stets dabei gedacht, / Überall, wo's schwarz und Nacht, / Spuket die gespenst'ge Rasse, / Darum auch im Tintenfasse. / Die ihr schreibt, nehmt euch in acht! / Weil ich Klecksograph entdecket, / Daß im Tintenfaß oft stecket / Eines gift'gen Dämons Macht.
Justinus Kerner, Werke

Wer nun ein solches Bild zu Gesicht bekommt, kann leicht an Zufall denken; wenn er aber zwei, dem Wesen nach, ganz gleiche Bilder vor sich hat, oder wie ich, der Züchter, tausende, der muss sich gedrungen fühlen, hier eine Gesetzmäßigkeit anzuerkennen, die in der äusseren [...] Gestaltungsweise sich ausspricht. Sie ist nun so [...] voller, als ich versichern kann, daß allem von Mittel[...] die Wechselwirkung der bildenden Stoffe hier [...]
Friedlieb Ferdinand Runge, Hauswirthschaftliche Briefe

[...] und daher der Urheber eines Produkts, welches er seinem Genie verdankt, selbst nicht weiß, wie sich in ihm die Ideen dazu herbei finden, auch es nicht in seiner Gewalt hat, dergleichen nach Belieben oder planmäßig auszudenken, und anderen in solchen Vorschriften mitzuteilen, die sie in Stand setzen, gleichmäßige Produkte hervorzubringen.
Immanuel Kant, Kritik der Urteilskraft

Literatur

Folgende ausgewählte Werke bzw. Aufsätze setzen sich mit Klecks- und Flecktheorien auseinander und wurden auch zur Erstellung eines Notatekorpus für das Kapitel 4 dieses Bandes ausgewertet. Der so entstandene Text ist somit auch als Kommentar bzw. Metatext zu Werk und Verfahren zu verstehen:

Ketelsen, Thomas (Hrsg.): Die Klecksographie. Zwischen Fingerübung und Seelenschau. Band 11 der Reihe "Der ungewisse Blick". Köln, 2013

Weltzien, Friedrich: Fleck – das Bild der Selbsttätigkeit. Justinus Kerner und die Klecksografie als experimentelle Bildpraxis zwischen Ästhetik und Naturwissenschaft. Göttingen, Vandenhoeck & Ruprecht, 2011

Niedernolte, Susanne: Klecksende Künstler. Das Berliner Kaffeeklecksalbum Wilhelm von Kaulbachs, Michael Echters und Julius Muhrs. Hannover, Ibidem, 2010

Lexikon der Kunst: Architektur, bildende Kunst, angewandte Kunst, Industrieformgestaltung, Kunsttheorie. Begründet von Gerhard Strauss, Hrsg. von Harald Olbrich. Leipzig, E. A. Seemann, 2004 -> Stichwort: Klecksographie

Bracher, Benjamin: Nichtlinearität als literarisches Experiment. Zu Botho Strauss' "Beginnlosigkeit". Bern, 1998

Strauss, Botho: Beginnlosigkeit. Reflexionen über Fleck und Linie. München, Carl Hanser, 1992

Rühmkorf, Peter: Kleine Fleckenkunde. Insel-Bücherei 1082. Leipzig, Insel Verlag, 1988

Wallmann, Jürgen P.: Gruß an Rorschach. "Das Gedicht als Held". Ein Gespräch zwischen Peter Rühmkorf, Dieter Lamping und Stephan Speicher. In: Lamping, Dieter und Stephan Speicher (Hrsg.): Peter Rühmkorf. Seine Lyrik im Urteil der Kritik. Bonn, Bouvier, 1987

Biographisches

Hartmut Abendschein (*1969): Aufgewachsen in Schwäbisch Hall, Buchhändler in Stuttgart, Studium der Germanistik und Anglistik in Konstanz und Glasgow, wiss. Dokumentar in Köln, lebt und arbeitet in Bern. Betreiber eines literarischen Weblogs (taberna kritika – kleine formen) und Mitbegründer und Hrsg. von litblogs.net (literarische weblogs in deutscher sprache). Zuletzt erschienen: Die Träume meiner Frau. Hybride Stoffe (2007). Bibliotheca Caelestis. Tiddlywikiroman (2008). The Chomskytree-Haiku (Rhizome(Rhizome)) (2011). Dranmor. Roman (2012). Schellendiskursli / Schellenexkursli (2013). Recycling Le Tour de France (2014). Flarf Disco. Popgedichte (2015). Mehr: http://www.abendschein.ch

Norbert W. Schlinkert studierte Kulturwissenschaft, Ästhetik und Theaterwissenschaft an der Berliner Humboldt-Universität. Sein literarisches Erstlingswerk „story banal" wurde 1998 veröffentlicht. 2015 erschien der heraklitische Fließtext „Stadt, Angst, Schweigen". Im Jahr 2010 wurde ihm ein Aufenthaltsstipendium des Künstlerdorfes Schöppingen zugesprochen. In dieser Edition erschien von ihm „Kein Mensch scheint ertrunken. Eine Arabeske". Mehr: www.nwschlinkert.de

Die Edition dankt

Kultur
Stadt Bern

Burgergemeinde
Bern

SWISSLOS
Kultur Kanton Bern

MIGROS
kulturprozent

Die edition taberna kritika wird vom Bundesamt für Kultur
mit einem Strukturbeitrag für die Jahre 2016-2018 unterstützt.

edition taberna kritika

Neuerscheinungen 2016/17

Christina C. Messner
to shake shake shake
ISBN 978-3-905846-42-3

Robert Musil
Über die Dummheit
ISBN 978-3-905846-41-6

Giorgio Caproni
Il seme del piangere / Die Saat des Weinens
ISBN 978-3-905846-40-9

Rainer Hoffmann
Abduktionen, Aberrationen II
ISBN 978-3-905846-39-3

Norbert W. Schlinkert
Kein Mensch scheint ertrunken
ISBN: 978-3-905846-38-6

Heidi Müller
Unterlassungserklärung
ISBN 978-3-905846-37-9

Ausführliche Informationen über unsere
Neuerscheinungen und das Gesamtprogramm finden Sie im
Internet unter http://www.etkbooks.com
edition taberna kritika
Gutenbergstrasse 47
CH - 3011 Bern
Tel.: +41 (0) 33 534 9 308
info@etkbooks.com | http://www.etkbooks.com